# LA PIEL MUERTA

## PRÓLOGO

Nuestra imagen exterior habla de nuestro estado interior:

Si la maquillamos mucho, esa es la información que va a transmitir.

Si es maltratada, esa es la información que va a transmitir.

Si la tenemos dejada y olvidada, eso es lo que va a transmitir.

Solo en el brillo de tus ojos se puede leer sobre ti, con o sin maquillaje,

Con o sin ojeras, con o sin canas...

El brillo de tus ojos dice lo que realmente hay en ti, y esto jamás se puede ocultar.

Búscate, pues, debajo de esa piel, y déjate salir a relucir.

No te escondas más debajo de tanta capa.

*No me elegisteis vosotros a mí, sino que yo os*

*elegí a vosotros, y os he puesto para que vayáis*

*y deis fruto, y vuestro fruto permanezca"*

*Juan 15:16*

FSC
www.fsc.org
MIXTO
Papel procedente de fuentes responsables
Paper from responsible sources
FSC® C105338



Impresión y editorial: BoD – Books on Demand

info@bod.com.es - www.bod.com.es

Impreso en Alemania – Printed in Germany"

***ISBN:*** 9788413265513

*Agradecimientos:*

*A mis padres, que me enseñaron lo que es el amor verdadero de padre y madre: protección y dedicación. Armonía y Equilibrio…….*

*A mis tíos, que me enseñaron a amar la naturaleza, el arte, la historia, la literatura, viajar..*

*como bien primero e indispensable para ser libre de pensamiento y acción. Ejemplo siempre de trabajo, dedicación y esfuerzo, colmados de virtudes que supieron transmitir, entre ellas el amor incondicional que no espera nada a cambio.*

*A mis amigos, todos ellos que, al pasar los años, me mostraron el significado real de la palabra amistad y que, sin su ayuda, jamás hubiera conseguido crecer y llegar a ser quien soy.*

*Y a mis hijos, esos maravillosos seres que Dios me regaló, que me dieron la oportunidad de ser madre, de entender lo que significa, equivocarme, acertar, aprender y vivirlo intensamente.*

*Gracias.*

# INDICE

## Introducción

En las novelas literarias solemos encontrarnos a un héroe o heroína como protagonista de la historia que se relata.

Este personaje suele representar aquello que admiramos y valoramos mas en un ser humano: la fortaleza de carácter, la habilidad para sobre ponerse a las tragedias de la vida, su nobleza, la humildad de su espíritu, su valentía, su buen criterio y saber hacer, su inteligencia, su medida de la justicia....

Tomamos estas cualidades para que nos sirvan de ejemplo y guía, y así crecer y poder parecernos a ese a quien estamos admirando y, aun sin llegar a reconocerlo externamente, ese es el dulce sabor que nos deja, el dulce deseo que se nos queda, al pasar la última página del libro.

Yo te propongo que, en esta historia, seas tú ese héroe o heroína: Tú, pues solo tú eres el protagonista de tu vida, y así quiero que lo entiendas, que llegues a vivirlo, para que puedas desprenderte de todo aquello que te mantiene como mero espectador, permitiendo que sean otros quienes gobiernen tus pensamientos, sentimientos y acciones.

Aquí eres tu el centro, el por qué y el para qué, y con esta actitud es como quiero que comiences a leer este libro.

***Tengo una altísima pretensión al escribir estas letras: iluminar el camino de regreso a tu interior, a tu esencia, para que te redescubras, te empoderes de quien realmente eres, y emitas tu verdadera luz al exterior.***

Empiezo comentándote el por qué de este título, y verás cuanto tiene que ver con el camino que te invito a recorrer:

**"La piel muerta es algo con lo que todos debemos lidiar de una u otra forma. De hecho, la mayoría de las personas pierden un millón de células muertas al día. Sin embargo, si tu piel muerta está fuera de control, sobre todo en el rostro o los pies (las dos zonas más preocupantes), existen muchas soluciones disponibles. Si exfolias la piel muerta y tomas**

**medidas para evitar que esta se repita en el futuro, podrás mantener ese "brillo" saludable de la piel fresca y suave a largo plazo."**

**(Belleza y Salud)**

Nuestro cuerpo nos enseña, cada día, como va desprendiéndose y eliminando aquellas partículas de nuestro organismo que ya no necesita y que, si las mantuviera, sabe que nos dañarían por envejecidas y tóxicas, impidiendo que el oxígeno llegue a nuestras células, a nuestros órganos, y los mantenga sanos, vivos: es la regeneración celular natural.

En sentido físico, nos presentan distintas maneras de conseguir que mantengamos una piel saludable, que luzca bonita, cuidada y resplandeciente, ayudados de una buena nutrición, que nos procura el alimento sano y, con él, la eliminación de toxinas. Solo así es como nuestro organismo puede seguir funcionando como debe para sobrevivir.

Pero no somos sólo órganos, músculos, piel y huesos. Nuestro sistema emocional es un ente vivo, un órgano que filtra todo en nuestro exterior para almacenarlo después en nuestro interior. De la limpieza con que mantengamos ese filtro, depende que ese almacén sea luz o sea toxicidad que envenena y mata, y para limpiarlo, hay que aprender cual es el sistema mediante el que se va ensuciando.

Te he nombrado la importancia de exfoliar la piel, que la mantengamos limpia y libre de partículas muertas, para que pueda transpirar y proporcionarnos vida. El filtro que utiliza nuestro sistema emocional, se llena de la misma forma de impurezas que hay que eliminar, y esas impurezas son cada una de las reflexiones que te hago a continuación, son las pieles muertas que opacan y enturbian nuestra esencia y, sólo eliminándolas, encontramos el equilibrio entre fuera y dentro de nosotros.

Todo lo que ocurre en nuestro interior, se refleja en nuestro exterior; el brillo de nuestra mirada o su falta, la postura erguida o decaída, las respuestas de nuestros órganos a estímulos externos en situaciones relacionales laborales, familiares, sociales, estando relajados o en tensión, incluso ansiosos, temerosos y faltos de seguridad.

Esto hace que nuestro organismo sufra, se dañe, puesto que aunque nos exfoliemos e hidratemos la piel, aunque nos drenemos bien por dentro con mil fórmulas antioxidantes, nos alimentemos con comida sana, si no damos el mismo tratamiento a nuestra esencia, a nuestro yo, solo seremos apariencia, pero una apariencia insana, ya que estaremos realmente enfermos por dentro. Y esta enfermedad es peor que cualquier otra: hay que recordar que un estado emocional dañado, es capaz de producir la más mortal de las enfermedades.

## ***Mens Sana in Corpore Sano***

Somos sentimientos y emociones: corazón y cerebro.

Este libro trata cada una de esas partes de las que estamos hechos, identificando las capas de "piel muerta" que se mantienen pegadas a esas partes y que si bien, repito, nuestro organismo de forma natural, iría desprendiendo y desbancándolas por inservibles y tóxicas, nosotros que somos quienes tenemos el control sobre ellas, nos empeñamos en seguir manteniéndolas vivas, presentes en nuestro día a día, sintiendo que nos dan seguridad, o que forman parte de nosotros, sin ver que ya no nos pueden proteger, o servir, que su tiempo pasó, o que simplemente ya no existen porque ya no está sucediendo lo que las creó, porque nuestra vida es otra; entender que hay que permitir que en su lugar crezca una piel nueva, fuerte, limpia, nutrida …., saludable, desde la consciencia plena de lo que ocurre en el aquí y ahora.

Necesitamos dejar paso a la realidad, a nuestra realidad, a lo que sentimos , y vivirlo plenamente, desde un nuevo punto de vista, desde quien soy yo realmente, y no quien me han enseñado a ser sin preguntarme, o quien he decidido ser por complacer, por no cuestionar lo establecido, por lo que "debe ser"…

***Quiero traerte hasta el Aquí y Ahora.***

*Pero primero déjame que te cuente una historia….*

***Hace unos meses, un amigo se dirigía hacia una conferencia en una ciudad del Sur de España. El lugar donde se iba a celebrar el evento se encontraba dentro de una urbanización privada, y cuando iba llegando a la entrada con su vehículo,***

*encontró una garita de seguridad y control de acceso a la misma.*

*Cuando llegó su turno para entrar, vio un cartel que le indicaba que al acercarse a la valla de seguridad debía "Parar el motor, apagar las luces exteriores y encender la luz interior".*

*Así lo hizo, y al momento se le acercó al coche el guardia encargado de la seguridad. Éste le hizo entonces las siguientes preguntas:*

*- ¿Quién es usted?*

*- ¿Qué hace aquí?*

*- ¿Hacia dónde se dirige?*

*Mi amigo dio un respingo en el asiento, casi le abrazó, lleno de entusiasmo!!! La razón de su conferencia, su argumento de motivación, su objetivo estaba allí, en ese cartel, en esas apropiadas preguntas. Es revelador comprobar cómo la vida nos va dejando señales esperando que las captemos.*

Mi propuesta para antes de comenzar con el primer capítulo es que cojas papel y lápiz y anotes esas tres preguntas, y que tengas en cuenta, cuando las empieces a contestar, que deberás hacerlo a “motor parado”, “con las luces exteriores apagadas”, y “encendida tu luz interior”; esto es, en silencio y quietud, sin dejarte guiar por lo que ocurre fuera, y poniendo el foco en ti mismo, en lo que sientes, para escucharte y entenderte realmente, para conocerte.

## Capítulo I

### La Consciencia

*Comentaba, el alumno al Maestro, que se sentía colmado de conocimientos, de consejos sabios, de intelectualidad y que, aún así, no era capaz de encontrar el camino que le llevaría a la tan ansiada elevación espiritual. Sentía que había perdido el por qué y el origen que lo habían llevado hasta aquel Santuario. No distinguía aún cuál era su camino.*

*El Maestro, lleno de amor y comprensión, apretó su hombro con ternura y le dijo así:*

> *Has buscado afuera de ti, lo que solo emana en tu interior. Todas aquellas sabias palabras, consejos y pensamientos que se te han transmitido aquí, no eran para hacerlos parte de ti, sino para que te guiaran y así encontrar los tuyos propios. Ahora ve y busca tu esencia fuera de estos muros. Aquí se viene a despertar la Consciencia, y la tuya está ausente,*

*ahogada entre tanto manuscrito. Pon en práctica lo aprendido, no te quedes en los Textos Sagrados.*

Es distinta de la Conciencia, que es nuestra caja de valores personales; esos valores que nos dictan lo que consideramos que es el bien o el mal, lo correcto o lo incorrecto de nuestros actos, y que nos deja dormir o nos quita el sueño, y de la que hablaremos más adelante.

La Consciencia, algo distinto, es el estado de atención presente en el que podemos encontrarnos. Si no somos capaces de estar en el aquí y ahora, no somos conscientes ni de nosotros mismos ni de lo que ocurre a nuestro alrededor, perdiendo con ello infinitas posibilidades de aprendizaje, de comprensión y comunicación con todo aquello y aquellos con los que convivimos, y especialmente con nosotros mismos.

Esta percepción de la realidad en la que estamos, cuando somos Conscientes del momento presente, es lo que nos protege de la temida Ansiedad, y del estado Depresivo.

Cuando la mente se adelanta a acontecimientos futuros y, normalmente, lo hace por temor a supuestas e imaginarias catástrofes que se avecinan, ese miedo que sentimos nos bloquea, nos hace que nos falte la respiración, que se nos encoja el estómago y hasta que sintamos, algunas veces, que vamos a morir por estados últimos de pánico.

Si en cambio la  mente, se queda anclada en el pasado, en sucesos tristes, tormentosos, dolorosos y dañinos, sucesos que por mas que les demos una y mil vueltas, han pasado ya y solo nos aportan sufrimiento e, incluso, sentimiento de culpa muchas veces, nuestra sensación será de una infinita tristeza, de incapacidad para resolver aquello que "no va a volver", de impotencia, rabia e incluso odio por quien lo causó y, por qué  no, también odio por nosotros mismos, dañando nuestra propia estima.

Estos estados emocionales, deben ser observados en sus momentos de aparición y de desarrollo: cuándo aparecen? Qué los provoca? Cómo reacciona mi cuerpo ante ellos? Y mi mente, qué pensaba cuando los ha traído a mi?

Han de observarse porque la mayoría de veces se han convertido en clic que nos hace cambiar de actitud, maneja nuestras emociones y nos hace sufrir sin motivo alguno y, muchísimas veces también, sin ser conscientes de ello, estamos imitando a alguien que nos enseñó ese comportamiento, lo normalizamos y aprendimos a andar de acá para allá preocupados, siempre preocupados....

Si lo observas con detenimiento, si lo analizas y reflexionas, veras que esta norma no puede estar en tu presente si quieres visualizar el futuro que deseas construir, te estorba e impide que vivas el día a día, pues te pierdes en el pasado triste o en el futuro incierto y que, para seguir avanzando, tiene que ser desde el aquí y ahora; Comprende por fin que no es más que piel muerta, tóxica, que te sobra, y que hay que exfoliar sin falta.

Estamos muy acostumbrados a que nos digan que “respiremos”, que contemos hasta 10, o hasta 100 antes de reaccionar, antes de decidir sobre un tema difícil, importante o que nos preocupa en demasía, o antes de entrar en una provocación, por ejemplo, y este ejercicio no es más que una invitación a Ser Conscientes, pero dicho de otra manera.

Cuando contamos hasta 10 o 100, cuando nos paramos realmente, lo que está ocurriendo es que vemos la realidad a nuestro alrededor y nos vemos a nosotros mismos y, entonces, tomamos el control de nuestras emociones, ya sea ante un recuerdo negativo y triste, o ante una amenaza futura pues no están aquí, están solo en nuestra mente, nos damos cuenta que son sólo un pensamiento y por ello puede ser cambiado.

Todo pensamiento provoca una emoción, positiva o negativa y, según esa emoción, actuamos. A la falta de Consciencia Plena, a la ausencia de vivir en el aquí y ahora, le acompaña normalmente el Miedo. Esa Ansiedad o Tristeza que sentimos, lo sentimos por miedo, bien a revivir tormentos pasados, bien a supuestos dramas futuros, pero no es real, no está sucediendo aquí, en este momento, son espejismos que nos hacen sufrir mucho. La buena noticia es que pueden desaparecer para siempre, puedes liberarte de ese miedo.

***El miedo es el padre de todos los males de este mundo.***

Estarás conmigo en que por miedo se cometen los mayores errores, las mayores renuncias, las peores y más transcendentes equivocaciones. MIEDO.

Si no soy capaz de verme en el aquí y ahora, sentiré miedo siempre, y este miedo será mi guía de vida.

¿De dónde nos viene ese miedo? El miedo es una emoción, un sentimiento provocado por una sensación de indefensión. Es positivo pues, como mecanismo de defensa natural, nos alerta ante un peligro real, y hace que reaccionemos a tiempo salvando nuestra vida.

Pero existe este otro miedo que es el que nos bloquea, limita y dirige nuestros actos.

Tal vez lo hayamos adquirido por momentos dolorosos del pasado, por pérdidas, quizás por “errores” que creímos cometer, o que cometimos como todo ser humano, y que no queremos volver a repetir. Esto nos crea dudas sobre nuestra capacidad de actuación de forma efectiva. Pero si lo analizamos veremos que son situaciones distintas las que ocurren ahora, e incluso si parecen o son similares, ya hemos aprendido de aquel "error", y sabemos cómo proceder en este momento, con lo cual no cabe el miedo ya. Si nos instalamos en el miedo, tampoco vamos a darnos cuenta de ese aprendizaje que tuvimos después de aquellas vivencias. Hay que echar ese miedo.

Seamos conscientes también que hay cosas que se escapan a nuestro control, que forman parte de las decisiones personales de los demás y que ahí, por más que queramos incidir, tenemos el camino delimitado hasta el espacio de libertad de acción del otro. No somos responsables de todo lo que ocurre, ni de los actos de los demás nunca. Cada uno es responsable de sus actos, actuemos nosotros mejor o peor. Uno siempre elige como responder. Siendo así, ¿miedo a qué?

El único miedo que deberíamos tener es a estar bloqueados, a no ser capaces de actuar, a creer que no podemos hacer, decir o a resolver. Miedo a sentirnos inválidos de verdad, no a serlo, sino a sentirnos así.

La primera enseñanza, la primera Piel Muerta de la que nos tenemos que desprender es del MIEDO, y la única forma posible es trabajando en nuestro ESTADO CONSCIENTE.

¿Cómo se hace? Por repetición continua: repetir, repetir y repetir. Volver aquí, a ahora, a donde estás. Una y otra vez, hasta que tu mente quede bien entrenada y enseñada de que es Aquí y Ahora donde está viviendo, ni en el ayer ni en el mañana. Aquí.

Date cuenta que nos comportamos por inercia, por conductas adquiridas, llamémosle "vicios". Todo vicio se adquiere a base de repetirlo una y otra vez, hasta que lo incorporamos a nuestra forma de ser, pasando a ser parte de nosotros mismos, como una segunda piel.

Pues ahora aprenderemos el vicio de ser Conscientes, y este maravilloso vicio, por sí mismo, hará que caiga la Piel Muerta del Miedo, sin que tengamos que fijarnos si quiera en como sucede.

***La Consciencia Plena y el Miedo no pueden coexistir en un mismo individuo.***

Te invito en este mismo momento a que eches una mirada a tu alrededor. ¿Qué ves?, ¿Qué hueles?, ¿Qué oyes? ¿Estás en casa, sentado en un parque o en un banco de tu ciudad? Contempla lo que transcurre en tu entorno, y fíjate si en este preciso momento hay algo que se está cayendo sobre ti, intentando aplastarte, destruirte, o si por el contrario, todo va moviéndose en su armonía y rutina habitual. Verás que ocurre esto último, ¿verdad?

¡Siempre es así! (a menos que estés sentado bajo los andamios de una obra....Ahí si te puede caer algo en la cabeza... sal de ahí, anda)

Ahora fíjate en los detalles, se más escrupuloso con ellos. Deléitate. Cuál es la historia que ves en esos rostros que te cruzas, la podrías imaginar si no la conoces? Crees que es tan distinta a la tuya? Intenta adivinarlos.

¿Cómo te sientes? Más sereno? Más seguro? Menos raro, más "normal"?, Has descubierto algo que estaba ahí y que ni siquiera te habías fijado? Has experimentado nuevas sensaciones? Seguro que la respuesta es Sí. Si no lo es, vuelve a intentarlo, ponle más empeño hasta conseguirlo.

Te has dado cuenta de cómo te sientes cuando cierras los ojos y dejas que el sol caliente tu rostro, tus manos, tu cuerpo? Prueba. Déjate querer por el astro Sol, ¡es vida!

Realizar este ejercicio tan saludable, no tiene otro propósito que apartarte de los pensamientos que te están atemorizando sin razón. No, no tienes razón para estar asustado, no insistas! El pasado no va a volver a menos que tu te empeñes en traerlo otra vez y vivas en él.

El temor, no te ayuda en nada, solo te debilita, te hace sentir que no eres capaz de poder con aquello que se te presenta. El temor te quita la posibilidad de ver realmente las debilidades de ese monstruo imaginario, y de ver tus fortalezas ante él.

El temor mata la capacidad de sacar tu fuerza real. Rechaza el temor. No temas.

Si tienes problemas, como el resto de los mortales, ocúpate de ellos. Ocúpate, pero no vivas en la preocupación, que no es más que miedo. No. Ocúpate ahora si puedes de ellos y si no, déjalos hasta que llegue el momento de solucionarlos. Mientras tanto, sigue ocupándote del resto de tu día, y dedica un tiempo a, si es posible, procurar que la solución a esos problemas se manifieste provocándola. Se actor de tu vida, y no tendrás miedo nunca mas. Actúa. No dejes en manos del destino cruel y amenazador, lo que solo puede estar en tus manos, en tus actos, y no tendrás miedo. Y si realmente no está en tus manos solucionarlo, tendrás que apartarlo de tu vida, y seguir sin volver a mirarlo. Bendita frase de Budha: Si un problema tiene solución, para que te preocupas?. Si no tiene solución, para que te preocupas? Sobre todo, no pierdas nunca la Fé.

***" Si Dios está conmigo, quién contra mí?***

***Romanos 8:13***

Ese Dios es tu energía, tu fuerza, la tienes dentro de ti, y no me refiero con esto a ninguna deidad específica, sino a ti mismo y a tu espiritualidad. Solo tienes que creer en ti, independientemente de cuales sean tus creencias religiosas o no, no es a lo que me refiero. Me refiero a TI MISMO, porque te aseguro que todas las bondades del Universo nos han sido concedidas como seres humanos: Somos el Todo, y están ahí, esperando a ser tomadas y utilizadas. No renuncies a ellas. Te corresponden, son tuyas y eres TU.

A partir de ahora, cada vez que el miedo te asalte, en forma de angustia, de debilidad, de preocupaciones, te iras de ahí. Te marcharás, a ser posible físicamente. Sal incluso de la habitación en donde estés, cambia de calle si vas caminando, cambia de canal si estás viendo televisión, cambia de emisora si escuchas la radio, cambia de canción… concédete esto a ti mismo. Cuídate, date ese respiro!

Mirarás a tu alrededor, y serás consciente de que el monstruo no está. Así te tranquilizarás. Elegirás la calma, elegirás la lluvia que cae o el sol que te calienta, y te dejarás empapar por ellos, te querrás y te dejaras querer por este regalo de la naturaleza.

Después, ya tranquilo, volverás al problema que te preocupa, lo mirarás de frente y lo analizarás: ¿A qué te está retando? Puede ser, por ejemplo,  un problema económico que ahora mismo no puedes resolver y que te hace volver a sentir vulnerable. Bien, antes de esconderte en un rincón, que es a lo que te está invitando el miedo, mira otra vez como el mundo sigue y sigue y sigue girando a tu alrededor. Lo ves? Esta visión consciente te hará pensar desde la realidad, y te va a mostrar que desde la calma, puedes encontrar la solución que necesitas, ya sea a través de una nueva negociación,  un nuevo ingreso de dinero por un trabajo extra que puedas realizar, o incluso la manera de plantear a un allegado la ayuda que le solicitarás. Vas a ver que, creyendo que no tenías salidas, hay varias, y que desde la tranquilidad que te aporta tu estado consciente pleno, puedes visualizarlas y elegir la más adecuada.

Cuando se trate de tomar cualquier decisión, la que sea y sobre el aspecto que sea, recurre a tu estado de plena consciencia. Este estado se enfrenta claramente al del IMPULSO. El impulso, siempre está viciado, y sobre todo, defendido por lo que mal llamamos CARÁCTER, ese que las circunstancias te forjaron, pero esto lo vamos a tratar en otro capítulo.

Por ahora comprométete con tu nuevo vicio, adquiérelo, hazlo tuyo de tal manera que te sea imposible estar en otro estado que no sea el consciente, cuida de tu plena CONSCIENCIA, tu AQUÍ y AHORA.

***Observa, escucha, huele, siente.***

Una buena manera de practicar el estado consciente es, sin duda, la meditación.

Cuando realizamos esta práctica milenaria, no hacemos otra cosa que el entrenar la mente para traerla al momento presente, al aquí, a donde estamos.

La técnica de La Rosa, por ejemplo, que es una de mis favoritas, es sencilla y totalmente relajante.

Se trata de sentarnos en silencio, relajados, con una rosa ante nosotros.

Dedicaremos, por espacio de 20 minutos, nuestra atención a revisar cada parte de esa rosa. Comenzaremos desde el centro de la flor hacia afuera, pétalo a pétalo, su forma, su color, como van cambiando de tamaño a medida que llegamos al exterior.

Nos fijaremos también en su base, la forma. Después continuaremos por el tallo, hacia abajo, su color, sus espinas, su apariencia. Volveremos a subir hacia la flor y seguiremos haciendo lo mismo.

Nuestra mente querrá volver a sus pensamientos, te intentará llevar de nuevo a las preocupaciones, pero volveremos a fijarnos en la rosa.

Es tan relajante que cuando hayan pasado esos 20 minutos, querrás seguir haciéndolo: hazlo, sigue con la rosa todo el tiempo que quieras y puedas.

El resultado habrá sido darle a tu mente un masaje relajante, un alivio, un descanso que te va a agradecer el resto del día.

Adquirir este hábito como rutina diaria, será como tener la fortuna de poder ir a un spa diariamente. Tu mente te lo agradecerá, y tu cuerpo te lo va a demostrar eliminando esas tensiones, esas contracturas, esos tirones de espalda, esa jaqueca que aparece tan a menudo. Pero has de comprometerte contigo mismo en hacerlo, en darte este tiempo, y no me vengas con la excusa de que no tienes tiempo. Si en vez de entrar a trabajar  a las 7 de la mañana, te obligaran a hacerlo a las 6, irías, no es así? Pues esto también forma parte de tu "pan" diario. Es tu alimento, es necesario para poder realizar bien ese trabajo, o tus responsabilidades familiares, o sea cualquiera la actividad a la que te dediques, así es que aquí no valen excusas.

Si quieres tener una salud de hierro, comienza por forjar tu mente a fuego, entrénate para esto, dale la importancia que tiene, que es toda.

No podemos pretender cambiar nuestro estado si no trabajamos en ello. Compréndelo.

No pienses que es algo grande, que no vas a poder, o que no va a funcionar. No tienes nada que perder con probar, pero prueba durante el tiempo que te está pidiendo. Te aseguro que en un día no se puede cambiar el mundo, tu mundo, pero si no das un primer paso, no puedes dar el segundo, el tercero y, así, recorrer el resto del camino.

Entrénate en la meditación por espacio de 21 días consecutivos, ordenando tu día de manera que ese tiempo tenga su espacio y su lugar. El horario lo decides tú.

No permitas que tu mente te lleve a tus preocupaciones una y otra vez, que te haga sentir que no puedes estar mirando una rosa cuando parece que el mundo se te va a caer encima, y que tienes que estar en alerta para impedirlo.

El mundo se te va a caer encima de verdad como sigas machacando tu mente de esa manera.

Una mente agotada, no puede encontrar soluciones, ni generar acciones que solucionen nada. ¿Te das cuenta? ¿Eres consciente de esto? Sí, ¡te lo digo a ti!

No ves que pasan los días, y cada vez estás más irascible, más agobiado, te sientes sobrecargado, infeliz, sin ánimos, sin fuerzas...

¿De dónde crees que vienen todas esas sensaciones?

Vienen de una mente **a-go-ta-da**.

Haz por ayudarte a ti mismo y tu vida va a cambiar, vas a reconducir el rumbo, vas a ver otras posibilidades, vas a observar lo que ahora te es imposible ver.

La palabra "imposible", qué bien aprendida la tenemos, ¿no es así? Esa sí que forma parte de nuestro vocabulario y, con ella y a través de lo que nos hace sentir, guiamos nuestros pasos. Qué horror.

No habríamos avanzado nada como seres humanos si lo que muchos llamaban "imposible", otros no lo hubieran intentado.

Y aquí estamos, repitiéndonos que esto o aquello lo es, es imposible. Y no lo es. Claro que es posible.

Entre los científicos reza la máxima de que “cualquier cosa que puedas imaginar, es posible”. Si estas mentes, cuyo propósito de vida es el sacrificio y esfuerzo continuos por mejorar nuestra vidas, lo piensan, será verdad, no crees?

Eso sí, te recuerdo lo dicho: sacrificio y esfuerzo continuos por encontrar la mejora. ¿Tú estás dispuesto a hacer ese sacrificio y esfuerzo continuo para alcanzar tu meta, para mejorar tu vida? ¿Le estás dando el valor a tu vida que se merece?

Estas sí son preguntas que te debes de realizar y debes de contestar con sinceridad. Solo así vas a poder responderte y tomar cartas en el asunto sobre esas respuestas que encuentres.

Está la otra parte engañosa de nuestra mente que nos lleva al victimismo. Este estado es demoledor, es una trituradora auténtica de vidas, propias y ajenas.

El victimismo te va a decir: es que no tengo tiempo para mí, soy un sacrificado de mi familia, mi trabajo, mis responsabilidades. Si me intento cuidar, enseguida se me echan encima y me tratan de egoísta. Mi papel es el de estar siempre por los demás y me entristece que nadie esté por mí. Si pido ayuda, solo encuentro caras largas. Si pido espacio no se me respeta....

Bla bla bla , bla bla bla....¿ cierto?

Es un problema real. Pero, ¿qué parte de responsabilidad tienes tu en ese problema?

Y no me vayas a contestar desde el victimismo otra vez, por favor. No te hagas eso más.Es una actitud infantil el hecho de pensar que cuanto más demos, por encima de nuestros propios intereses humanos, mas nos van a devolver.

Eso es un error que estamos pagando bien caro y lo sabemos.

¿Quién nos engañó y nos hizo que creciéramos en esa mala educación? Vete tú a saber, pero el caso es que lo estamos sufriendo, y estarás conmigo en que no es nada productiva esta actitud.

Más adelante vas a ver por qué, pero te adelanto que sólo nosotros enseñamos a los demás cómo queremos ser tratados, si desde el respeto y reconocimiento como personas, o como trapos.

Y si me doy a conocer como un esclavo, no sé cómo pretendo que no se me trate como tal.

Volviendo a la consciencia y al miedo, que es lo que nos ocupa en esta primera etapa, calma tu mente; recuerda que solo las aguas calmadas y cristalinas, nos pueden reflejar una imagen nítida de lo que queremos encontrar al mirarnos en ellas.

Practica esta meditación también, mírate a un espejo limpio, mírate de verdad y dime si no amas lo que ves, si no valoras lo que ves, si no quieres cuidar lo que ves, si no lo sientes merecedor de amor y respeto, y de que la vida le vaya bien, sea feliz y esté pleno.

Si aprendiste a no quererte, pues no podías hacerlo a través de los ojos de quienes mas necesitabas, ahora ha llegado el momento de quitar esa capa tóxica y oxidada, esa piel muerta que huele mal y tanto te sigue dañando.

Es el momento de darte lo que mereces y dejar de esperarlo de quienes no sabían o no podían o no eran conscientes de lo que hacían.

## Capítulo II

## La Verdad

***"Cualquiera que sea la profundidad de una duda planteada, todos tenemos en nuestro interior la capacidad racional humana de poseer la verdad, considerada ésta dentro de sus límites".***

***San Agustín.***

Pero, ¿Cuál es la verdad? De ahí esos límites a los que se refiere San Agustín en este tratado filosófico.

Existen tantas verdades como millones de personas en el mundo, y todas son válidas.

¿Cómo puede ser esto? Pues sí, es así de simple.

Por mucho que tu creas tener razón sobre un juicio que emites, tu contrario tiene también sus razones, y son las suyas; tan válidas para él, como para ti las tuyas. Siendo así, como saber quién tiene razón, quien está en posesión de la verdad?

El concepto de Verdad, es algo personal, relativo. Cada uno, a través de sus vivencias, adquiere el suyo; aunque para mí no sea lo correcto, a él le vale, y eso es lo que cuenta. Tratar de luchar contra esto es una guerra inútil. Pero lo que sí se puede hacer, además de que es lo más recomendable, es revisar esa cajita de verdades que tenemos para intentar, al menos, comprender a nuestros semejantes.

Revisemos pues, de dónde me llegan a mí esas verdades absolutas que he hecho mías, y que me marcan el camino, lo quiera yo o no, me convengan o me perjudiquen.La fórmula matemáticamente exacta para distinguir una verdad de lo que no lo es, es sencillísima: si no te hace sentir amor, no es verdad, es otra cosa.

### *El Amor es lo opuesto al Miedo*

Has hecho tuya alguna falsa verdad, a través de situaciones normalmente dolorosas, ya sean aprendidas, impuestas por la costumbre, la educación, la familia, tu momento histórico, social, y sobre todo por prejuicios. Pero no son verdad. No lo son porque el

Amor es la única verdad, y todo lo que te aleja de él te está engañando.

Y es que el Amor es generosidad, comprensión, compasión hacia el otro y hacia uno mismo. Si miras y te miras con amor, serás incapaz de juzgar o juzgarte, no buscarás razones, solo entenderás las situaciones, y eso es comprensión.

La comprensión abre la puerta de la compasión, viendo al otro y a nosotros mismos, como un ser en su propio proceso de vida, con lo que sabe y con lo que aún no sabe, con lo que tiene y lo que aún no tiene, de dónde viene o vengo, y cómo ha llegado o he llegado hasta aquí.

Ahí no caben juicios ni verdades subjetivas, solo aceptación. Por lo tanto la única verdad que existe es el Amor, que nos desprende de pensamientos estáticos, nos enseña a mirar con ojos limpios, nos anima a aprender de lo que vemos, a aceptar al otro y aceptarnos sin juicios, sin sentencias, que es lo que busca esa mal llamada VERDAD.

## ***Cuidado con cómo juzgas a tu semejante; no conoces las batallas que está librando***

¿Cuántas "verdades" distintas vivimos a lo largo de nuestra vida?

Cuando somos niños, lo que dicen nuestros progenitores significa para nosotros la verdad absoluta. No la cuestionamos; la damos por buena, sea cual sea.

Por esto es que tenemos que llevar mucho cuidado con nuestro comportamiento respecto de nuestros hijos, con el ejemplo que les damos, nuestras palabras y afirmaciones. Ellos creen en nosotros ciegamente, y todo lo aprenderán y harán suyo.

Igual que ellos, nosotros una vez lo hicimos, y crecimos con estas creencias, sin juzgarlas, hasta que llegamos a la adolescencia. Pero aún en esta etapa, en la que cuestionamos todo, hay marcas de las que nos costará desprendernos a menos que seamos conscientes de ellas, y arrastraremos toda la vida, dirigiendo nuestro camino.

Identificar esas marcas es lo que pretendo aquí.

***Los niños son como el cemento fresco: cualquier cosa que los toque les dejará una huella.***

El MIEDO también está relacionado con esa VERDAD, influyendo en ella, la mayoría de veces, de manera brutal.

Y es que, esa verdad en la que hemos vivido tanto tiempo, de alguna manera nos protege. No sabemos muy bien de qué, pero nos sentimos resguardados, aunque nos perjudique y aleje de aquello que amamos.

***Es tiempo de descubrir y aceptar que la VERDAD no es otra cosa que la REALIDAD en la que uno vive.***

Con esta aceptación seríamos capaces de cambiar el rumbo del mundo, pero primero debemos cambiar el de nuestro propio mundo interior.

La Realidad, en la que vivo en estos momentos, es fruto de los pasos que he dado hasta llegar aquí. He andado este camino con las provisiones que tenía: Lo que he aprendido en mi camino, lo que he decidido según eso que aprendí o viví, mis reacciones acertadas o erradas, mis carencias, mis habilidades, mis éxitos y mis fracasos. Esa es MI REALIDAD. Y la contemplo como una VERDAD, y en cambio no es más que un estado temporal. Tan temporal como todas y cada una de las provisiones con las que recorro mi camino.

Quisiera que miraras esas provisiones como algo que, si bien en un momento te valieron, puede que ahora no te sirvan, pues no forman parte de tu realidad o al menos, no de la realidad que vives o quisieras vivir ahora.

Si deseas avanzar, míralas con amor y contempla, desde la lejanía, como te sirvieron en un momento determinado, pero que ahora decides que ese momento ya pasó, y no quieres seguir anclado en él.

Tu momento es otro, es AQUÍ y AHORA, y si no te despides de ellas, no podrás coger las nuevas provisiones que te sigue ofreciendo el camino.

Es como si comenzáramos a andar con una gran cesta de manzanas. En esta cesta hay suficientes manzanas para sobrevivir muchos kilómetros (puede que toda una vida, depende de tu grado de testarudez), y aunque llegue un momento en el que estamos hartos de comer manzanas, como nos siguen quedando muchas, ya que las hemos ido administrando bien para que nunca nos falten y de hecho nos siguen alimentando, rechazamos el resto de frutos que vamos encontrándonos a cada paso.

Podríamos saborear jugosas fresas, refrescantes peras, melocotones dulces y aterciopelados, pero seguimos cargando manzanas, y no nos cabe una fruta distinta.

¿No crees que sea hora de vaciar ese cesto, si no por completo, si al menos aligerarlo un poco para dejar sitio al resto de frutas?

***El alumno lo es porque tiene espacio libre en su mente, y la sana inquietud de aprender.***

Cuando uno cree que ya sabe todo cuanto tenía que aprender en esta vida, más le valdría morirse y descansar.

Suena duro, pero es una gran realidad. Nada supone mayor tristeza que la conclusión de que no hay nada nuevo ahí afuera para nosotros. Se llama "desesperanza".

Y cuando nos anclamos en nuestra REALIDAD, como una VERDAD inamovible, vivimos en esa desesperanza. La curación solo nos llega a través de la FLEXIBILIDAD.Lávate los ojos cada vez que te sientas en ese estado de "Pleno Conocimiento".

Lávatelos pero de forma literal. Siente como el agua te refresca, como de forma automática tus ojos se abren, disfrutando de ese placer que les acabas de procurar, y vuelve a mirar a tu alrededor. ¿De verdad Sabes y Comprendes Todo lo que Hay Frente a Ti? ¿No tienes nada que aprender, nada nuevo que vivir?

¡Si la respuesta es NO, es que estás atiborrado de manzanas!

Permíteme empujarte un poquito, solo un poco, no te va a doler, te lo prometo.

Permíteme ofrecerte fresas, peras, melocotones aterciopelados y aromáticos. Qué tienes que perder?

Ya nos hemos despojado del Miedo, hemos visto la Realidad en la que vivimos a través de nuestra Consciencia abierta y despejada. Demos un paso más allá. Atrévete.

Pero hazlo teniendo en cuenta que es posible que alguna de las nuevas frutas, te de ardor, te siente regular, o incluso se te indigeste.

Te hará daño, pero este daño viene por la cantidad de azúcar que tienes acumulada en tu organismo, de tanto comer manzanas. No es otra cosa que el hecho de que estás acostumbrado a comer solo manzanas, y que te dice que si sigues comiendo solo manzanas, no te vas a indigestar.

¡Es una trampa del manzano! El manzano es la zona donde controlas, tu muralla, esa que crees que te protege, y lo único para lo que sirve es para aislarte, para tenerte preso adentro de ella, e impedir que accedas a esas maravillosas sensaciones aún por vivir, y por convertir en tu nueva REALIDAD.

Ahora, cuando experimentes otras "verdades", otras vivencias que formarán tu nueva "realidad", será cuando comprendas la diferencia y la semejanza que hay entre todas esas miles de millones de verdades que circulan por el mundo.

El Mundo así se te mostrará inmenso, inacabable, y sentirás y pedirás al Universo vida suficiente para poder conocerlas, comprenderlas, y aceptarlas, pues vivirás en el AMOR, en primer lugar hacia ti mismo, que es la única manera de amar al exterior.

Y ese AMOR si puedes afirmar con rotundidad que es la única y auténtica VERDAD.

Después, y una vez aceptada esa verdad, decidirás cuales son aquellas que deseas en tu vida, es decir, qué personas con sus vivencias y "verdades" quieres que te acompañen en tu camino. Porque ojo, no es lo mismo aceptar, comprender y respetar las vidas y verdades de cada uno, que permitir que se fusionen con tu vida, si estas te van a perjudicar porque están en otra sintonía que no es la tuya, que no se corresponde con el camino ni con la vida que tu deseas vivir.

Es bien distinto y debes diferenciar.

La negatividad y la toxicidad no hay que aceptarla: si uno puede colaborar con su ejemplo vivo, en que ese otro vea algo de luz, maravilloso. Pero si ese otro se empeña en llevarnos de vuelta a la oscuridad, el NO debe ser rotundo. Aquí no valen medias tintas.

Recuerda que eso no es amor. El amor por ti mismo no te llevará jamás a nada que te perjudique.

Estamos hablando de amor, compasión y comprensión, no de jornada de puertas abiertas en las que todo vale.

Recuerda siempre que cada uno está recorriendo su propio camino y librando sus propias batallas, y que puede que en este andar os crucéis, os acompañéis, pero no tiene por qué ser tu compañero o compañera de vida.

Cuando éste/a llegue, será para compartir y para aportar; nunca para retroceder o medrar. Siempre para sumar.

El resto está para enseñarnos, para aprender; son el resto de frutas que te aportarán buenas nuevas o no tan buenas, más aun así serán aprendizajes, siempre valiosísimos aprendizajes de vida.

Ten presente que nunca se pierde: unas veces se gana y otras se aprende.

Si vivimos en estado consciente, veremos que todo lo que ocurre a nuestro alrededor nos está haciendo de espejo.

Encontraremos personas que nos produzcan buenas sensaciones, que su trato nos aporte dulzura, bienestar, paz y buenos ejemplos. Solo con un saludo y una sonrisa, aportan luz a nuestros días.

Estas personas nos están mostrando nuestros buenos sentimientos, que somos agradecidos con la vida, que nos valoramos, nos queremos y queremos luz y felicidad a nuestro alrededor.

Pero también están aquellas personas que son todo lo contrario: malhumoradas, maleducadas, llenas de rabia, pres juiciosos, malintencionados, criticones, provocadores……

Estas están ahí también para enseñarnos, y la clave es muy simple: cuando veamos algo que nos moleste mucho, pero mucho, en estos comportamientos, que nos llegue a afectar, que rechacemos como si de agua hirviendo se tratara, debemos reflexionar.

***No hay nada que nos afecte del exterior que no exista en nuestro interior.***

Hay muchos aspectos de nuestro carácter que tenemos bien ocultos. Tan ocultos que no los conocemos, o no los queremos conocer y reconocer.

Y la única forma que tiene el universo de ayudarnos a mejorar esas actitudes es poniéndonoslas delante.

Y lo hará hasta que seamos conscientes de que están ahí y que, si queremos avanzar, tenemos que revisarlas, saber por qué están donde están, si es que creemos que nos sirven para protegernos de algo, de dónde las heredamos, cuándo fue que cogimos esas manzanas y las echamos a nuestro cesto de vida, aunque las tengamos en el fondo, pero ahí están.

Vamos a por ellas.

Pero antes te invito a hacerte estas preguntas a las que deberás contestar con total humildad:

- ¿Con qué dureza te sueles juzgar?

- ¿Es tan grande tu autocrítica que no eres capaz de asumir, ni por un momento siquiera que, de vez en cuando, tu también te comportas de esa manera tan nociva, aunque solo sea de pensamiento?

- ¿Es tan grande tu autocrítica que, si asumieras que tú también eres así, no serías capaz de volver a mirarte a la cara?

- ¿Es tan grande tu juicio contra ti, que no serías capaz de perdonarte ese desliz?

- ¿Tan perfecto pretendes ser?

Recuerda que hemos cambiado la Verdad por la Realidad.

Con este pensamiento entenderás que en nuestra realidad, podemos levantarnos con el pie cruzado, atormentados por el

Miedo, por las preocupaciones, por pensar que la vida no es justa, nuestra mente agotada y, en función de nuestros pensamientos, actuamos de esa forma, aunque en el fondo no seamos así.

Estas no son más que reacciones humanas cuando no se está en estado Consciente, y sentimos cómo todo lo que nos rodea, todos los que nos rodean, son una amenaza.

De ahí que prejuzguemos, critiquemos, miremos con desconfianza, no ayudemos, no tratemos con amabilidad al prójimo.

No es tan grande el pecado pero sí nos hace daño, como cualquier "pecado". Daña a quien lo comete más que a quien es víctima de él.

Siendo así, y tomando por bandera ese amor, comprensión y compasión de los que hemos hablado, te pido que te lo apliques a ti mismo, que te rías de esos deslices, que te digas: vaya metepatas que soy!

Qué horror! Cómo me he comportado asi? Anda que ya me vale!!!

Y ríete, ríete de ti mismo: ¡es tan sano!

Quítale hierro, reconoce que tu, don perfecto, también te equivocas, que metes la pata sin razones, que no, que no tienes excusas, no insistas mas.

Que lo has hecho por dejarte llevar, por auto-complacer a ese miedo o egoísmo malsano que a veces nos domina.

Pero que está mal, y que eres capaz de hacerlo, así como también eres capaz de reconocerlo, de enmendarlo, de rectificar.

Cuando llegues a esta conclusión, verás que la realidad de los demás, no es muy distinta a la tuya y, así, te va a ser más fácil y gratificante aplicar tus virtudes, esa comprensión, esa compasión y ese amor, hacia ti mismo y, por supuesto, hacia el prójimo.

Verás la vida más amable, veras que no hay tanto enemigo ahí afuera, y que hay mucha gente que va en tu mismo barco, por no decir que todos vamos en el mismo barco.

Esto sí lo puedes tomar como una VERDAD.

Capítulo III

## Yo Soy

***“Un escorpión pidió ayuda a una rana para cruzar un arroyo. La rana, desconfiando, le preguntó si no le picaría con su aguijón mortal. El escorpión le recriminó que cómo se le ocurriría tal cosa, si así lo hacía morirían los dos. La rana confiada, le subió a su espalda para cruzar el arroyo, y cuando iban a la mitad sintió el aguijonazo de su huésped, inyectándole el veneno mortal. ¿Cómo es que me has picado? Ahora moriremos los dos. El escorpión asintió: lo sé, pero es que Yo Soy así”.***

Necesitamos tener una imagen, una idea de nuestro Yo, una identidad, que es con la que transitamos por la vida, es con la que nos presentamos, en definitiva, aquello que somos.

Esta identidad cubre la necesidad de pertenencia a un determinado grupo que elegimos, o nos atrapa por inercia.

Normalmente, esta idea está marcada por lo que, desde nuestra más temprana edad, hemos venido escuchando: Es muy bueno  y obediente; es un trasto, no hace más que travesuras; que guapa e inteligente!; este niño llegará hasta donde quiera!;  no sé qué voy a hacer contigo, eres un desastre!; va muy flojo en el colegio, este niño no sacará carrera….; está todo el día pensando en las musarañas, cuándo va a madurar?....¿ Te suena?, seguro que sí.

Apelando a lo que apunté antes, que los niños son como cemento fresco y cualquier cosa les deja una huella, me reafirmaré aquí con más fuerza si cabe, para que comprendas que es posible que estés viviendo en una identidad creada por otros, y no desde el conocimiento y afirmación de ti mismo.

¿Y cómo saber quién soy de verdad? ¿Cómo distinguir entre lo que siento que soy y lo que me han hecho sentir que soy, si a estas alturas están fundidas ambas certezas como si de una sola se tratase?

Es muy probable que ya ni te reconozcas.

Pero hay muchas señales que sientes a menudo, aunque no le des la importancia que tienen o no se la quieras dar, aunque no quieras prestarle atención, que te están diciendo que vives una vida que no te pertenece. Una vida para la que no estabas predestinado. Una vida que no es tu verdadero propósito.

Porque si es verdad que el destino no está escrito, y que lo vamos reescribiendo a cada paso que damos, no es menos verdad que todos y cada uno de nosotros, como seres únicos e irrepetibles y tenemos un propósito a cumplir en nuestra vida.

Este propósito se nos ha dado en el momento de nacer.

Forman parte de él nuestro carácter, nuestra intuición, nuestra sensibilidad, nuestras dotes y habilidades naturales. Y cuando las negamos, o renegamos de ellas, estamos viviendo una vida marcada por lo que otros esperaban y esperan de nosotros.

Para saber que vas por el camino equivocado bastará con que reconozcas lo que sientes cada día al realizar tu trabajo, pero sin excusas.

Las excusas para reafirmarte que estás haciendo lo correcto son tales como:

- Tengo la responsabilidad de mantener a mi familia, no puedo hacer otra cosa ya.

- Es tarde para sentimentalismos de adolescencia; si no lo hice antes, ahora ya no es momento.

-En realidad, no valgo para lo que creía valer, o ya hubiera conseguido triunfar en ello.

-La vocación se descubre en el instituto, y yo es que no era bueno en nada.

-Es tarde para volver a empezar, mis responsabilidades y compromisos me lo impiden.

-Hay trenes que no volverán, ya me he resignado.

-En estos momentos de mi vida, mis sueños son incompatibles con mis obligaciones diarias.

-No se puede ir contra corriente; me ha tocado vivir otra vida a la que soñaba.

Y así un largo etcétera… Te identificas con alguna de las afirmaciones?

Si la respuesta es sí, estás en serios aprietos, pues si bien es cierto que mientras uno está vivo, siempre hay tiempo para volver a empezar, no es menos cierto que el reloj corre en nuestra contra, ya que cada día que pasa es uno menos que nos queda de vida. ¿Lo entiendes?

No pretendo angustiarte, ni crearte un repentino ataque de ansiedad, (aunque estoy segura de que, si no estás viviendo la vida que te corresponde, la ansiedad forma parte de tu día a día desde hace mucho).

Pero si te pido que, aunque te quedara una semana de vida, unos días a penas, no los consumas sin ser aquello para lo que estás destinado  a ser en este mundo. No te lo pierdas ni dejes que los demás nos lo perdamos.

Hazlo por ti y por todos, puesto que todos somos Uno en el infinito Universo. Y el Universo necesita que la energía de la que se compone, esté en equilibrio.

Tú formas parte de ese equilibrio, y sin ti y tu cometido, ese Universo se siente cojo, que no te quepa la menor duda. Tú importas, tú significas, tú eres necesario, tu legado es necesario. No te queda otra que colaborar.

Desde la Flexibilidad que te aporta el ser Consciente de tu nueva Realidad, contempla aquellos pensamientos recurrentes que tienes, esos conocimientos que quisieras transmitir o poner en práctica, aquella tarea que al realizarla te sentías o sientes liviano, relajado, satisfecho y pleno.

¡ Ese es tu propósito de vida!

Un propósito que no hay que ir a buscarlo, ni debes indagar en qué será, como si se tratase de otro examen más de tantos a los que nos sometemos continuamente, un examen al que otros nos sometieron, marcando así lo que era mejor o peor para nosotros.

Tu propósito te va a encontrar a ti, en cuanto te mires con flexibilidad, siendo consciente de Ti Mismo, escuchando tu voz interior, sin permitir que esas excusas que te repites se mezclen en la conversación. Tiene que ser una charla sin "peros".

Da igual que lo que descubras ahora mismo, en este preciso instante, no puedas coger un pico y una pala, y ponerte a construirlo. No se trata del "ahora o nunca"! Se trata, en primer lugar, de reconocerte a ti mismo, de ser consciente de una buena vez de quien eres de verdad, qué es lo que esperas de tu vida, qué quieres vivir, qué pueden y desean aportar tus manos, qué quieres compartir: Cuál es tu Verdadera Identidad.

Hay muchos que a su propósito de vida lo suelen llamar hobby, afición, tiempo de esparcimiento….

Y es que son esos momentos en los que realmente están disfrutando, aquellos en los que son ellos mismos, que los relajan, los excitan colmándolos de adrenalina, los elevan, motivan, le procuran apertura mental y creatividad…

¿Cómo es posible que un estado de total plenitud personal, se catalogue como de simple afición? Si es el que nos está indicando la realidad de quienes somos, no puede ser un entretenimiento, sino una identidad: Tu Identidad.

Es cierto que esos hobbies los solemos emplear para alejarnos de nuestra realidad, para relajarnos, soltar tensiones, desfogar en una palabra.

Mas, con lo que pretendo que te quedes, es con esa sensación que te hacen sentir.

Encontrar tu propósito de vida te hace sentir lo mismo, y si no te está ocurriendo, sino todo lo contrario, es que estás muy alejado de tu verdadero camino.

Esta es la mejor pista para que te pares, medites, calmes tu mente, y te escuches con la mente calmada y cristalina, te mires en esas aguas y observes cual es el reflejo que te devuelven: Ese eres Tú.

Ahora debes decidir, si sigues sin darle la importancia y el lugar que le corresponde, viviendo la vida que las expectativas ajenas y las circunstancias externas te marcan a cada paso, o lo tomas como lo que es, empoderándote de ti y de ese propósito de vida, dejándote atrapar por él, dando un giro a tu existencia y consiguiendo que, la armonía a la que estabas destinado, vuelva a reinar en tu vida.

Cualquier paso que des, que te aleje de tu propósito de vida, solo te va a traer tortura, insatisfacción, (así tengas una cuenta bancaria repleta de ceros), tristeza y desesperación, pues no podrás disfrutar de nada hasta que no disfrutes de lo que está destinado para ti, que no es ni más ni menos que TU IDENTIDAD. Si encuentras tu rana trasportadora, no seas tú el escorpión por herencia. Escucha a tu rana.

***Donde está tu felicidad, está tu Ser. Si no eres feliz, es que te has ausentado de ti mismo. ¡Regresa!***

Vale, y ahora cómo lo hago, porque no es tan fácil cambiar un proyecto de vida por otro, así como así.

La cuestión está en que no es preciso cambiar el proyecto de vida que tienes, sino comenzar por conocerte a ti mismo.

Una vez te hayas encontrado, reconocido, las transformaciones irán sucediéndose paulatinamente. Algunas generadas por ti, y otras por inercia hacia esos cambios.

*"Un padre, muy atareado, recibe en su despacho de casa a su pequeñín. Este quería jugar con él, pero en ese momento no podía dedicarle el tiempo que le solicitaba.*

*Pensó en cómo hacer para entretenerlo durante un buen rato, así le daría tiempo a terminar esos informes que lo traían de cabeza.*

*Cogió de una revista una hoja en la que, ocupando todo el espacio, aparecía un mapa del mundo. La rompió en muchos pedazos y se la dio diciéndole:*

> *Toma cariño, mientras papá termina, intenta hacer este puzle y me lo traes. Entonces iremos a jugar los dos.*

*El pequeño, muy animado por el reto que le había planteado su padre, salió corriendo hacia su dormitorio, con aquellos trozos de papel para intentar formar el puzle.*

*El padre sabía que, debido a su corta edad, no sería capaz de formar el mapa del mundo, así es que contaba con varias horas libres por delante.*

*De repente, y habiendo solo pasado unos minutos, su hijo vuelve a entrar al despacho con el puzle perfectamente formado.*

- *Mira papá ya lo he hecho! Ahora podemos jugar?*

*El padre, sorprendido, le preguntó en cómo había hecho para saber juntar bien todos los trozos.*

- *Fue fácil papá, por detrás había la fotografía de un hombre, así es que pegué todos los trozos y, cuando el hombre estuvo bien, el mundo se acomodó solo."*

***"cuando el hombre estuvo bien, el mundo se acomodó solo"***

Recuerda esta frase, y utilízala en ambas direcciones. Si el hombre está en guerra consigo mismo, estará en guerra con el resto del mundo.

No tenemos más que una vida, esto es obvio, en cambio nos la jugamos al todo o nada sin pensar si lo que estamos haciendo nos lleva al lugar donde queremos estar.

Encontrar quien uno es, lo que hace aquí y hacia dónde se dirige, es propio de mentes esclarecidas. Y es tan verdad como que no se puede dar en una diana que no se ve.

Es preciso conocerse a uno mismo, sin capas ni pegatinas, sin roles ni presiones, para poder sacar esa luz que todos llevamos dentro y poder compartirla con los demás. Así es como se hace un cirio: gota a gota, paso a paso. Todas las gotas importan en ese cirio. Todas las personas importamos en este mundo, ¿lo ves?

¿Eres capaz de visualizarte siendo y haciendo lo que te haga feliz? Cómo sería? Hazte un favor y escríbelo en el papel que te recomendé tener a mano al principio de estas páginas.

¿Cómo sería esa vida?, ¿qué estarías haciendo, a qué te dedicarías?, ¿Cómo te relacionarías con esas personas a quienes tanto amas?, es más: ¿ te seguirías relacionando con algunas personas que ahora lo haces aunque esa relación te perjudique?

¿Vivirías donde vives ahora, en esa casa, en esa ciudad e incluso en ese país?

No te de miedo, ni vértigo al pensarlo. No rechaces ponerte un momento a soñar...

Te recuerdo que todo lo que puedas imaginar es posible alcanzar.

Más miedo te debería dar seguir sobreviviendo, en vez que viviendo, hasta el fin de tus días. Eso si que habría sido una lástima, una vida perdida.

O te guardas tus sueños para una supuesta reencarnación?

Si volvemos arriba, a ir paso a paso, adquiriendo el vicio del vivir en el aquí y ahora, a ser Consciente de lo que me ocurre, de lo que hago, de lo que pienso, de cómo hablo, de lo que veo, de lo que escucho, de lo que tengo a mi alrededor, veré cuánto de esas cosas tienen que ver conmigo, me son agradables, y cuántas de ellas no lo son.

Aquellas que no lo son, te están estorbando en tu creación, en tu reencuentro, en tu propósito. Toma nota de ellas, estúdialas, valóralas y encuéntrales su lugar, ya sea en menos importancia en tu vida, y sea fuera de ella.

Cuando vamos de compras, aun llevemos una tarjeta sin límite de crédito, podremos adquirir todo aquello que queramos tener de ropa, calzado, elementos decorativos, cazuelas nuevas o vajilla, pero si al volver a casa no tenemos sitio donde colocarlas, qué haremos? Las dejaremos en el suelo, tiradas en cualquier rincón, o le haremos sitio en los armarios, en los estantes, en donde se merecen estar?

Igual pasa con los cambios en nuestro cerebro, y en nuestra nueva vida. Para ir incorporando nuevas bondades hemos de deshacernos de lo viejo, de lo que ya no vale. Dejar sitio, con luz, limpio, con orden, para que luzcan las nuevas adquisiciones.

Al traer cosas nuevas a casa, ropa nueva por ejemplo, y abrir tu armario para acomodarla, veras cuanta ropa vieja tienes que no usas desde hace tiempo, que la tienes ahí esperando a vete tú a saber qué.Entonces haces limpieza, no es así? Tiras o das lo que ya no quieres y sabes que no te sirve y cuelgas lo nuevo, con ilusión, viendo qué bien luce, y pensando lo bien que te va a quedar al usarlo.

En esto consiguen los avances, los cambios a mejor: revisar lo viejo e inservible, deshacernos de ello, poner en su lugar lo nuevo, usarlo y disfrutarlo. En definitiva, querernos más, querernos mejor.

Medita

Deja tu mente en calma

Escúchate

Conócete

Traza tu ruta de vida

Haz los cambios  necesarios para alcanzar tu meta

## Capítulo IV

### La Conciencia

***"Por tu comportamiento tu padre ha ido a prisión! Debes ir a la escuela, buscar un trabajo al salir para poder ayudar a Gepetto a volver a casa. Vas a matar a tu padre de un ataque al corazón!!!"***

***Pepito Grillo. Pinocho***

Al principio hemos distinguido entre Conciencia y Consciencia, siendo la primera esa caja de valores y principios que forman parte de nuestra manera de actuar hacía nosotros mismos y hacia el prójimo. Aquellos que nos aligeran el sueño o nos lo perturban.

Cabe un capítulo para tratar el tema por la importancia y transcendencia que tiene, y es que según de lo que esté formada nuestra Conciencia, así podremos barajar las cartas que a diario se nos pone sobre esta mesa que es vivir.

Quisiera puntualizar en primer lugar que, si bien hay un "pepito grillo" en cada uno de nosotros que, a cada paso, nos avisa de si estamos obrando con o sin amor, también ésta, nuestra Conciencia, puede estar manipulada por aprendizajes erróneos que no tienen otra función sino la de chantajearnos continuamente: es lo que yo llamo "Una falsa conciencia que nos destruye", y que quiero descubrir a continuación.

Esta falsa conciencia, no es más que un cúmulo de aprendizajes que nos hacen sentir culpables por casi todo, hasta porque haya pan hoy en nuestra mesa, mientras en el otro punto del planeta se mueren de hambre.

Hay que distinguir bien entre ambas, o nuestra vida será un valle de lágrimas, no siendo capaces de disfrutar absolutamente de nada bueno que se nos brinde, sin que esta falsa conciencia aparezca para aguarnos la fiesta.

Muchos lo mal llaman Egoísmo, y es un error. No es egoísmo, o al menos no es egoísmo malsano. Muy por el contrario, tener la capacidad de regocijarse y compartir las alegrías que vivamos, es el acto más generoso que existe. Todo lo que se comparte se multiplica, no lo olvides, y siendo así, ¡qué mayor bondad que multiplicar la alegría, que tanta falta le hace al mundo!

Ocurre que esa falsa conciencia se ha ido nutriendo de enseñanzas plagadas de prejuicios. Unas veces desde casa, otras desde la escuela, por creencias religiosas, por desconocimiento real de las mismas, por manipulación política, etc....

De mil formas, nos han ido sembrando esas semillas de culpabilidad, que no son más que intentos continuos de manipulación y dominación, y que nos hacen dudar hasta de nuestra propia sombra muchas veces.

Conozco la historia de vida de una mujer, que murió sin reírse a carcajadas ni permitir que sus hijos lo hicieran, porque afirmaba que "atraían desgracias" al hacerlo, pues tal y como está el mundo, cómo nos podemos permitir alegrarnos de algo, mientras otros estén sufriendo....¿Hay algo más demencial que este comportamiento? Pues es lo que aprendió, lo que le enseñaron, lo que le inculcaron, y se lo creyó y así ha vivido toda su vida, dejándolo en herencia a sus hijos, que es peor aún si cabe…

Con las dudas que esta falsedad nos crea, ¿cómo podemos distinguir de una falsa conciencia a una conciencia sana?

No es tan difícil si abres tu corazón. Vuelve a ser una fórmula matemática exacta!

El universo ama a sus hijos,  los ama créeme.

Siendo consciente de esto, todo aquello que nos llegue para flagelarnos, no viene de quien nos ama sino de la oscuridad, la negatividad y la toxicidad.

Si tú no has levantado una mano contra nadie, aunque esta persona se sienta mal por tu causa, tú no eres responsable, sino ella misma que elije esa actitud.

Si tu tienes hoy pan en tu mesa, y en Etiopía por ejemplo no tienen, no es porque tu les hayas robado su pan, sino porque tu has tenido la oportunidad de traer pan a tu mesa, y miles de ellos por desgracia no, pero te aseguro que ellos hacen cuanto pueden, igual que tu, por llevar pan a su mesa, y les darían a sus hijos de todo lo bueno lo mejor, en cuanto pudiesen, y lo harán en cuanto puedan.

No es lo mismo ayudar, tener la posibilidad de ayudar y hacerlo, que sentirse culpable por tener par en la mesa para tu hijo, y no tener la oportunidad de enviar ese pan a Etiopia.

Sentirse mal por tener pan es demencial.

También cuentan todos aquellos que intentan hacernos responsables de su mal estar, en un intento de manipulación, inculcándonos que por nuestro comportamiento ellos sufren, porque no hacemos lo que ellos quieren que hagamos, porque no pensamos como ellos pretenden que pensemos, porque no cumplimos con sus expectativas, y nos llaman egoístas por querer cumplir con NUESTRAS ESPECTATIVAS.

No es más que un absoluto intento de dominio, de control, de manipulación repito.

Cada día nos enfrentamos, sin darnos cuenta, a muchos juegos de chantaje y la mejor manera de descubrirlos es prestando atención a nuestra reacción ante una acción directa contra nosotros.

Siempre que, ante un comentario o acción hacia ti, tu mente se quede en shock, en vacío, sin palabras, ahí lo tienes. Te están intentando colar un gol.

De ti depende entrar al trapo, a la provocación (cosa que le dará mayores motivos para intentar hacerte sentir mas culpable), o simplemente ignorar tal intento de manipulación, con total cortesía y educación, con un simple "yo pienso de manera distinta; aunque respeto tu opinión, no es lo que creo".

Con tanta firmeza como delicadeza. Es un K.O. en toda regla. Brutal. Es la única manera de poner en su sitio a estos chantajistas emocionales, sin entrar en conflictos que nunca jamás llegarán a resolver nada, pero si van a robar tus energías.

No podemos evitar que estos intentos de dominación existan, pero sí debemos aprender a defendernos de ellos, sin que nuestra dignidad y autoestima se vean comprometidas en ningún momento.

Repito, no son más que juegos de manipulación, y nos llegan de todas partes: de la familia los que más, los compañeros de trabajo, jefes y superiores, e incluso de nuestros propios amigos.

Hay que estar alerta, pues cuando callamos por tener paz, pero se suceden y claudicamos buscando tener esa valorada paz, y siguen y siguen llegando, al final uno estalla y de las peores formas.

Y cuando se pierden las formas, se pierde la razón, tenlo presente.

No hay que llegar a esos extremos, que suceden tan habitualmente. Cuántas veces hemos dicho: ¡Estoy harto, no aguanto más, me están tomando el pelo! ¿Cuántas? Y cuántas mas lo hemos oído en boca de otros?

No es más que la acumulación de traiciones hacia uno mismo a favor de quienes no tienen criterio ni vara justa a la hora de pedir, exigir o imponer.

Por tanto no hay que dejar que ese vaso se colme. No hay que hacerse daño a uno mismo ni hay que entrar en batalla para defender nuestros derechos.

Se conoce antes a las personas cuando callas que cuando hablas o reaccionas.

Por regla general, el manipulador, cuando ve que no tiene campo para sembrar contigo, se suele alejar solo. Él busca víctimas y con tu actitud le has demostrado que no lo serás.

Si es cercano y no se va a alejar, es cuestión de enfocar la situación con cortesía, pero jamás, jamás, permitir que entren en nuestra conciencia y la manipulen. Eso jamás, porque no te va a dejar dormir y con razón, de pensar cómo te has traicionado.

Y, qué hago cuando sé que he actuado mal hacia otro, y la culpa me reconcome, quitándome el sueño, el sosiego, la paz?

Esa es tu conciencia, tu Pepito Grillo, así es. Pero, de qué te vale esa culpa? Vuelvo al mensaje del Universo: él te ama.

Cualquier mensaje que sirva para destruir tu paz y tu armonía, no te llega de la gran energía, no es bueno, recházalo.

De los errores que todos cometemos, solo nos queda aprender. Rectificar si es posible, pedir perdón si hemos causado daño, reparar ese daño si podemos, pero aprender, no fustigarnos, no hundirnos en el remordimiento y el llanto, no hacer de este mundo un purgatorio inútil y oscuro.

El Universo es Luz, y lo que espera de ti es que vivas en esa luz.

Te ilumina cuando te equivocas, cuando te desvías, para hacértelo saber, y que puedas volver a tu camino de luz, pero lo hace por amor, no para herirte. Un buen padre jamás querría dañar a su hijo, y el Universo te ama como el buen padre que es.

Una persona hundida en el dolor y el remordimiento, ¿qué puede aportar? Recuerda el equilibrio universal, todo el mundo importa, todos tenemos que sumar.

Para eso estamos aquí, para vivir una vida iluminada, serena y armónica, aprendiendo, corrigiendo, mejorando, avanzando,

CRECIENDO y, así, el Universo se expande en amor y luz. Si aportamos oscuridad, sufrimiento inútil, eso es lo que abundará. No lo hagas, no te lo hagas.

Aprende de tus errores, no eres malo, ni torpe, inútil o tonto, no. Eres un ser humano en el camino del aprendizaje. Nada más y nada menos.

La falsa Conciencia, es herencia, es piel muerta. Nos acostumbraron a sentirnos mal por nuestros errores, a sentirnos culpables de casi todo (no responsables: ¡culpables!).

Ha sido la forma más utilizada en la educación desde niños con el fin de tener el control. Nos han ido creando manipulables desde esa culpa, desde hacernos sentir sin el valor que merecíamos, sin buen criterio, sin sabiduría. A través de criarnos en esa conciencia falsa, han conseguido que no pensemos libres de ella, que no actuemos libres de ella.

Esta piel es de las más difíciles de desprender. Suele regir nuestras decisiones, nuestros puntos de vista, nuestras valoraciones y actos. Creemos que somos o pensamos así, pero no somos más que un muñeco creado.

Influye totalmente en nuestra propia estima, en la imagen que tenemos de nosotros, pues es una Conciencia creada con unos propósitos, nos es real ni verdadera, no te pertenece.

Vuelvo arriba y puntualizo: la Conciencia es quien te guía bien, a través de tus principios, tu escala de valores, tus verdades (realidades), lo aprendido y lo puesto en activo.

Esa conciencia, cuando está elevada (que es a lo que aspiramos), se basa en el amor propio, en el amor al otro, en el amor universal, que es la verdad suprema.

Todo aquello que no desprenda amor, que no cause amor, hay que limpiarlo de esa conciencia.

¿Cuántas veces te has dicho a ti mismo que eras un egoísta, en el sentido peyorativo de la palabra?

¿O te has concedido un "premio", un regalo, en modo venganza hacia el resto del mundo? Pensando "¡que se aguanten, esto es para mí!"

Luego te llega el remordimiento, claro está, y hasta eres capaz de devolver ese regalo en la tienda, pensando que eres "bueno" otra vez.

Considerarnos no merecedores de esos regalos, de reconocimientos, de cuidados que, por otra parte, si consideramos que los otros merecen, no es más que esa Conciencia destructiva.

Cuando te convencen de que has de ser el último para llegar a ser el primero, es lo peor que te pueden hacer, créeme.No es lo mismo la colaboración que la competición, son bien distintas.

Estar en el mismo lugar que el otro u otros, no es competir por ese podio, sino colaborar en el bien estar de todo el grupo.

Por lo tanto, por qué ese último lugar? Quien tiene que estar en él, el que empuja al grupo, el que lo sujeta para que no caiga, el que los une y les da fortalezas y raíces?

Porque este último, no es el último sino el líder, es el primero! Es que el abre y muestra caminos, y el resto le siguen, cómo va a estar en último lugar entonces?

Es una traducción errónea pues, este hecho de que los últimos serán los primeros. De que ser bueno es ponerse el último. De que ser servicial se pueda confundir con ser servil.

Hablaremos de ello en otro capítulo, más adelante, pero por ahora quiero reafirmarte que, tener una buena conciencia significa que nuestra Conciencia está hecha para construir, nunca para destruir, menos aún si se trata de almas o corazones.

Cuida pues de esa, tu conciencia.

Cuida de que contenga buenos y altruistas valores.

Cuida de que en ella reine la generosidad, el interés sincero, el amor al prójimo, la falta de juicios de valor, la comprensión y la compasión. Y así si, así dormirás en paz.

Y si esto lo aderezas de una gran dosis de amor por ti, amarás mas a los demás, más aún, y cuando te equivoques, te corregirás con amor y comprensión, sabrás darte la oportunidad que mereces de rectificar, de enmendar el error, y de hacer felices a todos a tu alrededor, además de ser tu el primero en disfrutar de esa dicha.

Esta Conciencia sana, echa de una vez por todas y para siempre a la Culpa, esa piel muerta con la que jamás podrá coexistir.

Alimenta a la una y la otra desaparecerá por sí sola

## Capítulo V

### Las Emociones

Vamos a tanta velocidad, siempre con el piloto automático puesto, tratando de “cumplir” con tantas obligaciones, que nos es imposible percibir que necesitamos descanso.

Nos aconsejan continuamente que hagamos meditación, salgamos a estar en contacto con la naturaleza, andemos varios kilómetros cada día, nos oxigenemos, dejemos en off nuestro cerebro por varios minutos…Y el hecho es que lo hacemos.

Cada día hay más y más gente que se preocupa mucho por su salud física, y acude puntual a su cita con alguna de estas u otras actividades por el estilo.

Siendo así, ¿como ocurre la paradoja de que somos la generación más estresada y medicada de la historia?

Las farmacéuticas se están forrando literalmente a base de vendernos tanto ansiolítico, antidepresivo, somnífero, y estimulantes para superar el día a día, con todos sus sin sabores y retos.

Ni qué decir de los fabricantes de bebidas energéticas! En fin...un verdadero desastre vivir en modo supervivencia continuamente.

Ante un problema laboral, familiar o se salud, sucumbimos a la desesperación, la angustia y la ansiedad.

Estas sensaciones, tan desagradables como perjudiciales, nos muestran que, en realidad, hemos perdido el control de nuestras emociones, y éstas han tomado el timón de nuestra vida, poniéndonos a su merced, y no al revés, como debe ser.

Las Emociones tienen que estar a nuestro servicio.

La mente, nuestros pensamientos, tienen que estar a nuestro servicio; nunca debemos permitir que suceda lo contrario, o nos convertimos en carne de antidepresivos y/o ansiolíticos.

***Hemos convertido los contratiempos de la vida en enfermedades mentales***

Sólo nosotros podemos revertir esta situación.

Cuando acudimos a la química para que nos ayude a sobrellevar nuestras responsabilidades, mala cosa.

Hace un tiempo escuchaba decir a una amiga, a la que el marido había abandonado de la noche a la mañana,  y que se fue a pasar estos días dolorosos a casa de su madre, que estaba tan fuera de sí,  tanto dolor sentía, que le pidió a su madre "alguna pastillita" que le ayudara a dormir, a soportar ese inmenso sufrimiento que sentía la estaba matando, le pedía que le diera algo para que "se le pasara".

Su madre se negó.

Le dijo: hija, tu solo necesitas meterte en la cama y llorar. Llora todo lo que tengas que llorar, llora sin descanso, llora hasta la última lagrima. Solo así lo vas a superar.

Y así lo hizo; se metió en la cama, y lloró y lloró día y noche, noche y día, hasta que sintió que ya no tenía más ganas de llorar. Se levantó, se duchó, salió a la calle y continuó fuerte, rehecha, y por qué no decirlo, feliz hasta el día de hoy.

Nuestros mayores son sabios, la mayoría. Ellos han pasado por auténticas penurias, de todo tipo, y las han pasado “a pelo”.

Han sufrido cuando les ha tocado, y han reído y celebrado cuando tocaba celebrar lo que fuera, por insignificante que hoy nos pudiera parecer ese acontecimiento.

Esto les ha procurado una fortaleza de la que hoy muchos carecen. Son un buen ejemplo a imitar, nos iría de manera bien distinta.

El conocimiento y la aceptación de que las cosas, en cualquier momento se pueden torcer, los proyectos truncar, la vida acabar, nos conecta directamente con nuestras emociones, para hacer de ellas una ayuda, y no un suplicio como ocurre en este siglo XXI.

Vuelvo a contemplar la paradoja de que, teniendo a nuestro alcance prácticamente todo, seamos o vivamos tan tristes y desolados. Nunca una generación tuvo tantas oportunidades, tantas tecnologías para acercarse al conocimiento, procurarnos comodidades, sustento… ¿qué ocurre pues?, ¿qué nos pasa?

La respuesta es sencilla, aunque difícil de admitir: contemplamos las emociones como algo negativo, y no queremos prestarles atención, hasta que nos estallan en la cara.

Cuando esto ocurre, si no le ponemos remedio, acabar en una fuerte depresión es casi inevitable.

Ni qué decir tiene que, cuando alguien sufre este estado de depresión, siendo una dolencia física, debe ser tratado por un psiquiatra, y controlado por él. Pero aquí no hablo de esas enfermedades que responden a algo físico.

Me refiero a no dar lugar a que esto llegue, y convertir un estado emocional que nos está bloqueando, en esa depresión. Es algo bien distinto.

Si no nos hacemos con el control de nuestras emociones, los continuos cortocircuitos que se producen en nuestro cerebro, frutos de la falta de descanso, del estrés, de vivir tensionados, presionados, agobiados por las responsabilidades, etc, entonces nosotros mismos podemos llegar a enfermar nuestro cerebro, y así si: así sí que lo convertimos en una enfermedad mental.

Prueba a martillear continuamente una piedra de río y veras como sucumbe al final, quedando hecha arena. Pues es lo mismo.

Para rebatir este argumento, nos engañamos a nosotros mismos continuamente, diciéndonos que no podemos parar, que las obligaciones mandan, que hay que cumplir los objetivos, que que que.....

Como si el mundo se fuera a parar, por pararnos nosotros y simplemente darnos un RESPIRO.

La vida, vivir, nos echa un pulso continuamente, y dejar que nos lo gane, continuamente también, es solo nuestra decisión.

Solo te invito a que eches una ojeada atrás, a hace 10 o 20 años por ejemplo, quizás algunas décadas mas.

Te acuerdas de aquellos momentos que pasaste, que creías que no ibas a poder superar, aquella pérdida, aquel dolor que te rasgaba el corazón, aquellas noches sin descanso preparando aquel examen final, aquel miedo atroz porque la habías pifiado y sabias que en casa te la ibas a cargar....

Recuerdas quizás los días de reclusión en casa, sin dejarte salir y ver a tu gran amor? Y cuando ese amor te dejó por otro amor nuevo? Insalvable, verdad?

Pero aquí estás, sobreviviste. Aprendiste, aceptaste, lloraste lo que tuviste que llorar, te cansaste lo que te tuviste que cansar, pasaste miedo y preocupación, y SOBREVIVISTE. Es un hecho, puesto que estás leyendo esto ahora mismo, no?

Tal vez era una época en la que andábamos sin tanta competitividad, con más colaboración, más calor humano, más cercanía.

Entonces, para un dolor de “corazón”, bastaba con poner el casete con una de Perales, y dejar que los ojos se nos pusieran como a los sapos, y se pasaba. A por otra cosa.

Bastaba con comprobar que si esta prueba no había salido calificaba como queríamos, prepararnos mejor para la recuperación. Bastaba SENTIR lo que nos estaba ocurriendo, y sentir que teníamos la fortaleza y las armas adecuadas para solucionarlo.

En este sentido, la frustración y el grado de aceptación que tengamos sobre la misma, influye mucho. Aquí la educación recibida, el apoyo, el ejemplo, dictó también nuestros pasos. Pero de cualquier forma, uno decide enfrentarse a lo que sabe que no anda bien, y solucionarlo, no? Pues si afuera lo hacemos, adentro también hay que hacerlo.

Cuando no aceptamos lo que ocurre, cuando nos oponemos a los hechos, éstos nos dañan irremediablemente. Solo aceptando lo que viene, es como no se produce ese dolor.

Piensa en cualquier suceso que te hayas negado a admitir, y verás que el sentimiento que notas es de dolor.

Empeñarnos en que las cosas sean tal cual queremos que sean, no es más que la negación de la realidad. Si lo piensas bien, es un sentimiento bastante infantil. Es ese niño que se niega a admitir, llegado el momento, que Superman no volaba, es más, nunca llegó a existir. Aunque parezca una comparativa arriesgada, se lo puedes aplicar a cualquier frustración que sientas.

Porque debes admitir que hay cosas que están fuera de tu control, que pasan sin que tú puedas hacer nada, sin que las hayas provocado, te vienen y ya está. ESAS HAY QUE ACEPTARLAS.

En cambio, las que si puedes cambiar, las que son susceptibles de solucionar o mejorar con tus actos, esas no deben procurarte frustración.

No digo que no te cabreen. Recuerda, el dolor es inevitable. Pero sí que no deben causarte sufrimiento, que llega por la frustración. Trabaja para mejorarlas y/o solucionarlas, pero desde la calma y la aceptación, siendo objetivo.

Debemos recuperar ese sentimiento de poder que teníamos antaño, de niños, de adolescentes, en la juventud. Queríamos tener el control de nuestra vida, y trabajábamos a diario por conseguirlo.

Hoy, en cambio, sentimos que la vida está pudiendo con nosotros. Esto no es más que una emoción, una sensación, fruto del agotamiento. Hay que parar. Parar. Y resetearnos.

No es tanta la desgracia, ni tan grande el cataclismo.

Simplemente sea que algunas cosas no han salido como esperábamos, no van como quisiéramos, y nos negamos a aceptarlo. Piénsalo.

Vuelvo a mi amiga: mamá, dame una pastilla o algo para pasar este dolor. No hija, llora todo lo que tengas que llorar, hasta que no te quede una lágrima más que echar, llora. Y la hija lloró, comprendió qué le estaba pasando, cuál era su dolor, se sentó frente a él, le lloró y lloró, hasta que sintió que poco a poco perdía fuerza, poder, importancia.

Se sintió fuerte otra vez, lo dominó, aprendió, y pudo continuar. Se tomó el tiempo que necesitaba para digerirlo, le prestó atención a sus emociones, no se obligó, con una pastillita, a lucir como si nada le estuviera pasando. No. Atendió sus emociones, en ese momento, rotas, heridas, sangrantes. Les concedió lo que le estaban pidiendo, la cura, el descanso, parar.

***¿Tanto trabajo cuesta sentarnos con un hijo y escuchar qué piensa o qué siente?***

Tanto que, siendo así, tampoco somos capaces de escuchar a ese llamado “niño interior”, aunque sea un adulto ya que peine canas. Nosotros nos tomamos la “pastillita del corazón”, y a “ese niño” lo atiborramos a extraescolares, para que esté entretenido, para que haga amigos, para que sea el más listo, para.... Para no escucharle. Solo para no enfrentarnos a esas emociones que nos va a trasmitir, que probablemente dejen al descubierto muchas de nuestras carencias, aquellas que no queremos reconocer, muchas frustraciones también. Luego lo llevamos al psicólogo a ver qué puñetas le pasa a este niño, que teniendo todo, no hay forma de que esté bien...

¿Te reconoces en él?

La manera más fácil de alargar un sufrimiento es no ponerle remedio.

Se irá haciendo tan grande como el tiempo que tardemos en prestarle la atención que merece ese dolor, por pequeño o grande que sea.

Lo único que importa es que No Le Prestamos Atención y, actuando así, nos estamos quitando importancia, dañamos nuestra propia autoestima, dañamos la de quienes más amamos, y todo se convierte en un círculo vicioso de "enfermedades del corazón", que heredamos y dejamos en herencia.

Las emociones solo precisan ser atendidas, nada más. Cuando te sientes debilitado, agotado, entristecido, estresado, exhausto, solo tienes que prestarte un poco más de atención.

Para, que de verdad no pasa nada. Para. Que no es debilidad.

Al contrario, el que de verdad es fuerte es aquel capaz de reconocer que está cansado, que necesita un respiro, que no puede con algo, que no!!!! Tu eres fuerte.

¿Recuerdas que más arriba hablábamos de comprensión, de compasión, de AMOR? Reléelo y aplícatelo, despojándote de todo aquello que te aparta de tratarte con amor, y tratar con amor a aquellos que más te importan.

***Amate más, ámate bien, ámate mejor.***

## Y eso ¿cómo se hace?

Seguramente que ya no te acuerdes de cómo era, y es por eso que has llegado hasta aquí.

Lo has hecho por exigirte tanto a ti mismo y por ende, aun sin darte cuenta, a los demás.

Te has agotado pretendiendo ser perfecto, cuando eres maravillosamente imperfecto: tú y los otros.

Has perdido la fe en ti mismo y en el porvenir.

Todo tiene que estar bajo control, y si algo se descontrola te desequilibra.

Yo solo te digo que no te hagas eso, que no te trates así. No permitas hacerte ese daño continuo, exigiéndote tanto, agotándote de esa manera. No pretendas ser perfecto, pues serás siempre maravillosamente imperfecto. Y sobre todo, ten fe en ti mismo, y en el porvenir.

Antes de preocuparte por los problemas, ocúpate de ellos. Si tienen solución ahora, soluciónalos, sin angustia. Si no tienen solución ahora mismo, déjalos guardados, y ponte a trabajar en una solución futura.

OCUPATE. Pero no te preocupes, pues esa preocupación es un sufrimiento que solo tú te estas procurando. Solo tú decides vivirlo. No lo hagas. Trabaja para solucionar, pero no sufras.

Porque el sufrimiento lleva al miedo, y el miedo al bloqueo.

Cuando estamos bloqueados no somos conscientes de que podemos solucionar cada tema que tenga solución; sólo vemos que lo que ocurre nos arrastra como una ola inmensa y que no podemos hacer nada. No nos vemos capaces.

Esto es una mentira de nuestro subconsciente, no es más que el producto de ese miedo. Ignoremos esa sensación.

Fíjate en los detalles de cada problema, y deja que tu mente limpia y tranquila encuentre la solución. Te aseguro que la tiene, pero debes dejarla actuar.

Habrás leído muchas veces que el dolor es inevitable, pero que el sufrimiento es opcional. Y esto es completamente cierto.

La grandeza de la vida está precisamente en esa falta de control que tenemos sobre ella. Está en el porvenir incierto, tan incierto que no puedes estar seguro de llegar con vida a terminar de leer este libro. Siendo así, ¿de qué puñetas estas preocupado?

Te invito a SER CONSCIENTE. Relee el primer capítulo otra vez. Sé consciente del aquí y ahora, de lo que te rodea en este preciso instante, y sal de esa angustia devastadora que te oprime el corazón, que no te deja respirar, que no te permite disfrutar de cuanto tienes en realidad, y crees que va a acabar contigo.

Cuando te sientas bajo esa presión, sal de ahí automáticamente, acostumbra a tu cerebro a no regodearse en esos sentimientos, edúcalo otra vez.

Recuerda que tu mente está a tu servicio y no al revés, teniendo en cuenta que esas sensaciones de miedo e indefensión, de angustia, se las has enseñado tú, y la pobre no hace más que recordártelo una y otra vez. ¿Por qué ocurre esto?

Pues porque nuestro cerebro es una grabadora.

Todo lo que le enseñes de forma repetitiva, lo aprenderá y dará por bueno, como una orden.

Tanto es así, que somos capaces de crearnos cualquier tipo de enfermedad, como de curárnosla. Está científicamente comprobado.

Por lo tanto, edúcalo. Practica la atención plena, y cuando te asalte esa ansiedad  o miedo irracional, (porque es irracional), vuelve a donde estas en ese momento, mira a tu alrededor, fíjate bien en lo que hay, en lo que ves, respira y huele profundamente, y maravíllate de la inmensidad que te rodea y de lo pequeño que eres tu.

Las emociones sólo nos están informando de qué manera nos tomamos, o digerimos, lo que nos ocurre diariamente.

Unas veces con mucho optimismo y satisfacción, y otras, con desesperación.Nos informan de las habilidades que tenemos en esa gestión, pero de lo que más nos informan es de dónde vienen.

Si estamos en calma, si no les tememos, al observarlas comprobaremos que un pensamiento las provocó.

No es el hecho, por ejemplo, de que estando enamorado te abandonen, como le ocurrió a mi amiga.

Ese no es el sentimiento inicial.

Ese es el acto que provocó un pensamiento, antes que ese sentimiento de desesperación apareciera.

Y, ¿cual fue ese pensamiento?

¿La pérdida? ¿El abandono? ¿El creer que no podría superarlo y vivir más sin esa persona?

¿Tal vez fue que en ese instante pensó que no valía lo suficiente y por eso la abandonaban?

¿Fue tal vez el pensar que la habían traicionado?... ¿La traición?...

Estos pensamientos, en este ejemplo, son los que nos producen una emoción que creemos no vamos a poder superar. Nos arrastra, nos domina, nos vapulea, nos hace sentirnos inválidos...

Así es como ocurre.

Con las emociones fuera de control, el organismo nos pide que cese ese dolor o nos volveremos locos, capaces de hacer cualquier disparate.

Porque una emoción siempre provoca una reacción, y nos lleva a querer hacer "algo" para "solucionar" lo que ha ocurrido.

Si es algo que tiene solución, no debemos actuar de forma precipitada, todo lo contrario. Con lo cual hay que dominar esas emociones.

Si es al revés, y no nos queda otra que aceptar lo ocurrido, no podemos hacer nada porque no tiene solución. Aquí hay que dominar esas emociones más aún o nos destrozarán.

Repito, las emociones están ahí de forma saludable, para avisarnos de nuestro estado frente a lo que ocurre, y han de estar a nuestro servicio para que sean efectivas.

Por lo tanto, en primer lugar, despojarnos de ese miedo a “Sentir” lo que nos está ocurriendo.

Déjate sentir, vívelo. Recuerda: llora lo que tengas que llorar.

Después, siendo Consciente de la realidad, podrás comenzar el camino de la curación de esa herida, cualquier herida.

Tendrás consciencia plena de que no te vas a morir, de que en realidad, a tu alrededor, siguen estando el resto del mundo como hasta ahora, y de que hay infinitas posibilidades de otras vivencias gratificantes.

También serás consciente de que sigues siendo la misma persona que ayer, antes de ocurrir lo que ha ocurrido. No has perdido un ápice de valor ni de valía.

Te tienes a ti mismo, esa es tu gran fuerza, eres tú y eres grande. Este suceso no es más que una de las curvas del camino que aderezan nuestra historia. Pero la realidad es que nuestra historia la vivimos nosotros solos, los demás están de paso siempre.

Sabiendo esto, nada puede romperte, porque a nadie le das el valor para hacerlo. Tomas los sucesos como lo que son: sucesos.

Y sigues caminando.

Tu camino lo has elegido ya: sabes quién eres, cuál es tu propósito de vida y quien puede acompañarte en ese camino.

También sabes quién no puede estar ahí.

Enseña a tu mente que quien está al mando eres tú.

Entrénala una y otra vez para que no se confunda.

Infúndele el valor que necesita, ese que te nace en el corazón, el que nunca se equivoca.

Eres el dueño absoluto de tus pensamientos.

Cuando te asalte la duda, cuando lo veas complicado, solo es cuestión de insistir, sin hacerle mucho caso al ego, ese traidor que te dice que no vas a poder, que no puedes hacerlo, que no tienes la suficiente fortaleza.

Pon tu atención plena en todo lo bueno que has hecho, en lo que has superado, en cuando has mostrado calma y has solucionado cosas.

Ahí es donde te tienes que fijar y revivir esos pequeños triunfos que tanto nos nutren.

Si le hacemos caso al ego, no podremos anular ese poder que han tomado nuestras emociones, pues solo recordaremos lo acostumbrados que estamos a perder el control, a sufrir y dejarnos arrastrar por el suelo.

Es como si pretendemos enseñar a un niño a que mejore su comportamiento, recordándole a cada momento todo lo que hace mal. Además de destruir su amor propio y su autoestima, solo estamos reforzando esos comportamientos que pretendemos eliminar.

Hay que centrarse en lo positivo siempre;  acostumbra a tu mente a estar en esa sensación, y ella sola eliminará el resto de sentimientos negativos, ya que no pueden coexistir, son antagónicos.

En una mente positiva, que solo emite emociones positivas, de agradecimiento y bienestar, cuando entra un "virus", una carga negativa, automáticamente es eliminado, no le permite entrar, le cuesta.

Tanto como te cuesta ahora dejar entrar los pensamientos positivos, en el estado consciente, en el dominio de tus emociones, así te costará después dejar que entre ese estado de descontrol.

No será tu estado habitual (hábito).

Crea este nuevo y maravilloso hábito y tu vida mejorará notablemente, y la de los que están a tu alrededor, esos que tanto amas y por los que tanto te desvives, lo hará también, es el efecto dominó.

## Capítulo VI

### La Actitud

***La vida es del color del cristal con que se mira***

Puede que esta frase te resulte muy manida, demasiado escuchada ya, leída, y por tanto, no te aliente, pero aun así, sigue siendo una gran certeza.

En estos tiempos, a aquellos que viven "felices", ausentes de tanta desgracia como ocurre a nuestro alrededor, ocupándose solamente de sus inquietudes y aficiones, de lo que realmente les place y complace, se les llama Frikis!

¡¡¡Benditos sean!!! ¿Te imaginas por un segundo vivir así? Acabas de sonreír, estoy segura.

Y ¿qué pasaría si pudieras mantener esa sonrisa en tu día a día? ¿Crees que sería posible? ¿Te apetece intentarlo?

Vuelvo arriba para recordar que en la vida hay muchas cosas que se escapan a nuestro control, entre ellas las situaciones dolorosas. Estas no podemos evitarlas. Pero de lo que quiero que te hagas consciente es de que estas situaciones van a ocurrir, ya estés viviendo en la desolación y desesperanza, o feliz como una perdiz.

La cuestión es ¿qué vas a estar haciendo tú, mientras estas situaciones llegan a tu vida?

***La vida es eso que ocurre mientras tú esperas a vivir***

Tu vida va a transcurrir tal cual tú quieras que transcurra. Es decir, si yo decido que la vida es una lucha continua, una guerra en la que cada día tengo que meterme en una trinchera, a esperar que me bombardeen y a responder con la artillería que yo tenga, estoy liquidado.

En cambio si yo decido que, independientemente de lo que la vida me presente hoy, YO PUEDO, y no precisamente desde una trinchera, sino desde la seguridad de saber QUIEN SOY, la cosa cambia radicalmente.

Vayamos por partes. Todo está en ACTUAR o en REACCIONAR.

Si yo vivo en modo REACCION, mi vida se convierte en una guerra declarada contra el resto del mundo. Espero lo que me vaya viniendo y a ver cómo lo soluciono. Voy apagando fuegos no previstos. Soy un pollo sin cabeza, sin dirección. La vida me va llevando por donde quiere, por donde quieren los demás, no tengo un plan trazado, no tengo un destino al que quiera llegar. Cada cosa que ocurre me va dictando cómo tengo que ser, que actuar, qué tengo que hacer. Soy menos que una hoja movida por el viento. Al menos ella tiene la función de alimentar la tierra donde cae muerta, pero y yo? Ni eso. Pasaré por el mundo sin pena ni gloria, puesto que da por seguro que ni siquiera contarás con reconocimiento alguno ya que no habrás hecho nada, tus manos no habrán dado ningún fruto, tu "lucha" absurda será tu legado. Será una vida en GRIS. Y me da igual que haya gente que afirme que hay muchos matices de gris, sigue siendo GRIS. En serio te quieres perder el ARCO IRIS?En cambio, si yo vivo ACTUANDO, me convierto en el protagonista de mi vida, independientemente de lo que me ocurra u ocurra a mí alrededor, porque yo estoy en modo ACCION.

Para estar en modo **acción**, lo primero que tenemos que formar es un plan de vida. Este plan de vida se compone de mis deseos, mis sueños, mi propósito de vida. Una Visión, una Misión y mis Valores.

Mis actos irán adecuados a este plan de vida, donde habrá un apartado para los imprevistos, naturalmente.

Pero ojo, los imprevistos no son excusas para anular el plan de vida, o torcerlo, o llevarlo por una dirección equivocada. No. Lo imprevistos son lo que tenemos en cuenta como aquellas situaciones fuera de nuestro control, pero estas no mandan en nuestro plan de vida. El plan sigue ahí, es mi destino, es lo que **Yo Soy**, recuerdas?

Fieles a quienes somos, a nuestro propósito de vida, visualizamos el camino que nos llevará hasta donde queremos llegar. En esta visualización, comprenderemos qué necesitamos en ese trayecto, y qué nos estorba. Recuerdo a mi profesor de Derecho Político, cuando nos sentenció a todos con una frase lapidaria, que en aquellos momentos a mí me hizo erizar la piel:

***Cuando uno elige un camino, por ende está despreciando el resto de caminos que se abren ante sí***

Nos guste o no, esto es cierto. Querer compatibilizarlo todo, no solo es frustrante sino además imposible, por no decir tremendamente injusto para nosotros y para aquellos a los que les afecta.

Es como el que decide ser astronauta, y pretende llevarse a una misión espacial a toda la familia, apelando a la "conciliación familiar", para que los niños o la esposa no estén 6 meses o 3 años sin verle! No es posible, ¿verdad? Por supuesto que no lo es.

Deberemos aceptar que, si decido ser astronauta, e ir a misiones espaciales, hay determinadas cosas que en ese momento no voy a poder vivir, excepto esa misión espacial. Y mi familia, si la he creado ya, deberá aceptar que papá o mamá se dedican a este oficio y que, sin trauma ninguno, ni frustraciones varias, habrá muchos momentos en los que no estarán. Todo lo que no sea aceptar lo que podemos llevar o no llevar en nuestro camino, es decidir topar continuamente contra un muro de hormigón armado. Y, para qué? Cuál es la ganancia? Es más, hay alguna ganancia? Ninguna. Al contrario, todo son perdidas: perdida de energía, perdida de relaciones, pérdida de oportunidades, perdida de crecimiento. Perdidas.

Recuerda la aceptación, afrontada más arriba.

Cuando trazo un plan de vida, debe ser realista y realizable. Dentro de ese plan, deben estar contemplados todos los aspectos que deberé asumir, y los otros a los que deberé renunciar: Realista.

Este plan, estará dentro de mis posibilidades, dentro de mi margen de acción y movimiento, sostenible por mis cualidades físicas y mentales: Realizable.

Ni que decir tiene que, al comienzo de ese plan de vida, al comprobar su porcentaje de que sea Realizable, nos haremos conscientes que seguramente nos falte formación, trabajo, dedicación y empeño para adquirir las cualidades que necesita, y llevarlo a buen término. Estas cualidades deben estar marcadas en ese plan de acción. Son nuestras Debilidades actuales, y son susceptibles de mejora.

Nuestra capacidad mental y física es mejorable siempre. Recuerda cuando no sabías andar, ni hablar, ni comer por ti mismo....Lo fuiste aprendiendo poco a poco. Cuando tenemos una minusvalía, ya sea física o intelectual, o ambas, con trabajo y esfuerzo, somos capaces de superarnos a nosotros mismos. Todo depende de la fe y la confianza que uno le ponga, del trabajo y el esfuerzo, del sacrificio. Llegaremos hasta donde podamos llegar, y ese es nuestro Éxito. Llegar! Ser conscientes de nuestras fortalezas y nuestras debilidades. Potenciar las primeras y trabajar para mejorar en las segundas. Trabajo-Actitud de Trabajo-Acción.

En los centros de rehabilitación para personas con minusvalías de cualquier tipo, la fe, la constancia, el sacrificio, esfuerzo y el trabajo, son su proceder continuamente. Jamás se rinden ni permiten que los usuarios lo hagan. Les animan a superar un escalón más cada vez, según el plan de vida/acción predeterminado en cada situación.

Es con esta actitud con la que te invito, te animo, a que te tomes tu vida.

Mira hacia arriba, hacia donde quieres llegar, estar y quedarte. Mírate ahora a ti mimo, comprueba tu equipación, fíjate en lo que tienes ya, en lo que necesitas y en lo que te falta, trabaja en aquello que aún no tienes, créalo, y empieza a subir, con constancia, trabajo, esfuerzo. No escatimes en horas de dedicación, esfuérzate, cree en ti mismo. Llega!

Actúa en tu vida, que nada se te va a regalar, mucho menos aquello que realmente vale la pena, ¿o deberíamos decir "vale la alegría"? la alegría, sin duda.

***¿Por dónde empiezo?***

¿Te atreves a saltar sin red? Eso es lo que vas a tener que hacer.

Vas a tener que realizar el mayor acto de fortaleza que hayas podido imaginar.

**Tienes que reconocerte a ti mismo.**

Con esto quiero decir, que tendrás que llenarte de humildad, ponerte frente a un espejo, uno bien grande y nítido, que refleje bien tu actualidad, lo que estás viviendo, y asumirlo.

Asumirlo, si. Porque es la única manera de comprobar que es lo que te impide vivir pleno y realizado. Cuáles son las rutinas que te alejan de tu vida ideal, la que querías, la que soñaste, y ves que no logras alcanzar.

Asumir no significa que, una vez admitido lo que haces que va en contra de tu propósito de vida, tengas que cambiar radicalmente tanto tú mismo o tu vida al completo. No es esa la intención, por lo que no debes temer.

Asumir es necesario para dar con el centro de la problemática, con el origen, y así poder darle un giro a eso, y volver a ponerte en la dirección correcta para alcanzar tus metas.

Sí que es posible que veas que, hoy día, hay ciertas "incompatibilidades" para alcanzar tus propósitos, y no va a ser necesario desprenderte de todas ellas, no al menos de las que ahora forman parte de esta vida distinta a la que esperabas, como la familia, o tu entorno social al completo. El trabajo consistirá en conciliarlas, en incorporarlas a tu nueva rutina, de la mejor forma posible, sin pérdidas importantes y vitales en el camino. Pero si habrá otras que serán desahuciadas para siempre, y estas serán las que supongan el auténtico cambio, el auténtico crecimiento y mejora, y esto sí que debes tenerlo muy presente.

Para despedirte de esas que si hay que eliminar, es para lo que tendrás que hacer un gran acto de proeza. Y es que suelen ser rutinas, vicios de conductas y de pensamientos, que te han estado limitando hasta ahora, así como de algunas relaciones que aplauden y animan, con su actitud, a que sigas anclado en esa actitud que te perjudica. Esas sí que son las verdaderas responsables de que no vivas quien tú eres realmente. Son las excusas a las que nos hemos ido agarrando, en esa caída libre, desde que abandonamos nuestros sueños.

Volvemos al Plan de Vida, que no es otra cosa que un MAPA, una RUTA a trazar, con un comienzo, un camino por recorrer y una META marcada.

En la cabecera o enunciado de este programa, vamos a poner nuestro OBJETIVO en letras mayúsculas, bien grandes, dándole toda la importancia que tiene y que merece.

A continuación, debajo, en el margen izquierdo, pondremos la palabra FORTALEZAS. Aquí iremos confeccionando una lista con todas aquellas cualidades que tenemos y que nos posibilitan para conseguir nuestro OBJETIVO. La lista debe ser tan larga como quieras, no escatimes en adjetivos calificativos positivos respecto de ti mismo. Pon todo lo bueno que crees tener, desde la confianza, la auto-valía para realizarlo, la pasión, la felicidad que te proporciona el pensar en su realización, todo!

En el margen derecho haremos otra lista, esta vez la encabezaremos con la palabra DEBILIDADES. En esta lista tenemos que ser muy sinceros con nosotros mismos, ya que ahí debemos identificar todo aquello que, de forma real o imaginaria, nos aparta de partir en el camino hacia la consecución de nuestro objetivo, aquello en lo que nos basamos para no ir tras él. Se refiere a los miedos sobre la capacidad que podemos tener, la falta de constancia, de fe en nuestra capacidad o valía, la necesidad de preparación técnica o de conocimientos, el grado de compromiso que tenemos hacia nosotros mismos, nuestra capacidad de trabajo, esfuerzo y sacrificio, que va unida a la fe que tengamos en nosotros mismos….también reflejaremos aquí aquellas excusas que, en forma de responsabilidades que ahora tenemos, creemos que son incompatibles con la nueva vida que queremos crear, etc

Después y en el margen izquierdo otra vez, haremos otra lista a la que llamaremos AMENAZAS. Aquí irán reflejados todos aquellos aspectos que consideramos una amenaza para la consecución de nuestro objetivo. Todo aquello que creemos tener en contra para lograrlo; puede ir desde nuestra edad biológica actual, que para muchos es un hándicap muy limitante, puesto que pensamos que “ese tren ya pasó”, o ya soy muy mayor para empezar de nuevo o cambiar, hasta la resistencia de nuestro entorno familiar, social, etc…

Al lado, en el margen derecho nuevamente, encabezaremos otra lista llamada OPORTUNIDADES, y en ella pondremos todas y cada una de las cosas que consideremos que es una oportunidad, una puerta que se nos abre, para conseguir nuestro objetivo. Ya puede ser una nueva relación social, económica, apoyo moral, enseñanza imprevista que nos llega, quizás un parón laboral, un tiempo que se nos brinda para poder reflexionar, un cambio de ciudad o incluso de país, o de situación sentimental, etc...

Ten en cuenta al realizar este mapa, que al principio igual no te salgan todas las cosas que necesitas para rellenar cada una de las listas, por lo tanto deja espacio suficiente para ir confeccionando según te vaya llegando la inspiración. Recuerda que cuando le das una orden a tu mente, aunque tu te vayas a otra cosa, ella sigue trabajando en ello, y que en cualquier momento te irá dando información: anótala, es muy importante.

Cuando creas que está completada, entonces podrás ir comprobando donde está todo aquello que necesitas adquirir en ti mismo para avanzar y conseguir llegar a tu destino y los aspectos en los que tienes que trabajar para mejorar personalmente, avanzar y con ello crecer. Veras también lo que te estorba, las excusas, en las que también habrá que trabajar para reestructurar tus rutinas, y hacerlas compatibles con tu nueva vida. Lo más revelador será lo que haya en aquella lista de AMENAZAS, puesto que ahí residen los miedos al cambio, aquello a lo que nos cuesta enfrentarnos, que nos crea la sensación de falsa seguridad y confort. Esta lista hay que mirarla con lupa, pues ahí se esconde mucha información sobre nosotros mismos, y nos va a ayudar a conocernos y comprendernos mejor. Una vez hecho, veremos que nuestra lista de OPORTUNIDADES la podemos hacer más amplia aún de como la habíamos hecho en un principio, puesto que nos conoceremos más, habiéndonos quitado miedos y limitaciones y claro está, cuantos más miedos nos quitamos, más oportunidades se abren ante nosotros.

Este valiosísimo ejercicio no tiene otra finalidad que la motivación para ese cambio de actitud, y es que ésta no puede cambiar ni mejorar sin que nos conozcamos bien a nosotros mismos, y sepamos así de dónde viene, cómo y por qué se ha ido gestando, cuál es su historia y su finalidad y, entonces y sólo entonces, conseguir que salte ese resorte necesario en nuestro interior que nos impulse y nos motive hacia esa transformación tan necesaria como positiva.

## Capítulo VII

### La Resistencia

Vivimos envueltos en distintas creencias, en nuestras verdades, como hemos hablado anteriormente. Algunas de estas creencias, sin darnos cuenta, nos dirigen, aun cuando no sea por el mejor camino, aquel por el que desearíamos ir y que nos llevaría hacia donde queremos llegar.

Este conjunto de creencias o verdades, forman un entorno en el que sentimos tener el control, nos dan seguridad de acción y de recepción de hechos o informaciones externas. Aunque este entorno no nos procure tranquilidad, ni siquiera calidad de vida, es algo que tenemos "asumido": las cosas son así, nos aseguramos y, bajo esta frase sentenciamos y continuamos caminando, resignados a que no pueden ser de otra manera.

Tan seguros estamos que, cuando se produce algún cambio que parezca poner en entredicho estas creencias, nuestra primera reacción es la negación, la resistencia al mismo, cerramos puertas y ventanas(ojos y oídos), no queremos saber nada del tema, no no no.....

La primera sensación que nos produce es MIEDO, y este miedo no es malo ni negativo en un principio, lo hemos mencionado. Por lo tanto no hay que rechazarlo, pero sí es preciso observarlo, hacer por comprender de dónde nos viene ese miedo, si es real o imaginario, si me sirve o me perjudica.

En este caso, en el que se produce cuando nos enfrentamos a un cambio que suponga tener que tomar decisiones, para aceptar o para actuar de forma distinta a como lo hemos hecho hasta ahora, debemos tomar CONSCIENCIA de cómo nos sentimos y por qué nos sentimos así.

***Más vale malo conocido que bueno por conocer***

Esta afirmación nos sirve para ir "viviendo" de manera "cómoda" a nuestro parecer. Y no nos damos cuenta, no tomamos consciencia, de que esta ACTITUD nos limita y elimina cientos de posibilidades de vivir una vida realmente plena, distinta. Es como un muro que hemos levantado a nuestro alrededor y que, lejos de protegernos, nos aísla del resto del mundo. No sirve para cuidarnos del enemigo, de lo que creemos es una amenaza exterior,  sino que nos tiene encerrados y cautivos dentro de esa falsa VERDAD.

Hay momentos en la vida en los que, los cambios que “sufrimos” no los elegimos, sino que nos son impuestos. Son aquellas cosas que aunque nos desagraden o nos provoquen dolor, no podemos controlar; son cosas que pasan. Es entonces cuando nos referimos a tener que pasar una etapa de duelo para llegar a superarlas, que no es más que poder asumirlas y aceptarlas.

Luego están aquellos cambios que serían elegidos, después de haber hecho un proceso de introspección, en el que nos cuestionamos a nosotros mismos, a esas “verdades” que hasta ahora nos han guiado y servido y, después de comprobar que ya no nos son útiles, una vez descartadas, nos replanteamos es giro, un avance; decidimos CRECER.

Pues bien, entre los cambios impuestos por el devenir del día a día, y los elegidos, están aquellos que percibimos como una provocación. Son los que, en un momento dado, en una situación como puede ser la lectura de este libro, sentimos que nos están lanzando un guante, un reto, para que nos preguntemos, para que revisemos todas esas creencias, verdades, pensamientos, emociones, y comprobemos su veracidad, su viabilidad, su peso, su razón de ser; de repente suponen muchos POR QUÉS.

Ante esta situación normalmente reaccionamos como si de un auténtico ataque personal se tratara, no queriendo dejar espacio a ningún tipo de duda. Aquí el EGO juega un papel muy importante, ya que solo desde la inteligencia que aporta la HUMILDAD se puede asumir ese “reto”.

Creemos que ponernos de vez en cuando en tela de juicio, un juicio personal o auto-juicio, es de débiles, de faltos de carácter, personalidad o criterio propio, no teniendo en cuenta que, todos y cada uno de los avances que ha sufrido la humanidad, solo han sido posibles mediante poner en duda lo que se estaba haciendo hasta ese momento y dando un paso más allá, arriesgando, y consiguiendo esos cambios tan fructíferos que hoy todos disfrutamos. Los científicos viven envueltos en sus proyectos, en sus investigaciones, CUESTIONANDO, probando, cambiando fórmulas, viendo resultados diferentes, buscando mejorarlos. Si ellos, si estos SABIOS, lo hacen a cada momento, y nos maravillamos de esa vida que han elegido para mejorar la nuestra, por qué no intentarlo nosotros? No somos CONSCIENTES de que es de SABIOS asumir esos cambios como positivos; que hay que seguir aprendiendo, admitiendo cosas nuevas y, con ellas y a través de esta aceptación, creceremos.

Tengamos en cuenta de que no se trata aquí de poner nuestra vida boca abajo, romperlo todo, y dar por inválidos todos nuestros pensamientos, creencias o decisiones, ni mucho menos. Pero si es muy saludable de vez en cuando, hacer una revisión de esos comportamientos que, por mera inercia, realizamos, para ver si nos están llevando, repito,  a dónde queremos ir en realidad.

Decía Sócrates: Yo solo sé que no sé nada. Era y es el padre de la Filosofía, el más grande filósofo que ha existido, y en el que aún siguen amparándose todas las corrientes filosóficas a día de hoy. El padre de la Mayéutica, aquél que enseñó a sus discípulos a aprender desde ellos mismos, desde la reflexión, buscando dentro de su ser las respuestas a todas las preguntas sobre la vida, sobre el ser humano, que le hacían a él. Sócrates fue cautivo, preso y asesinado, por inducir al libre pensamiento, a la apertura de mente, lo más temido por cualquier sistema político: que el pueblo piense sin adoctrinamiento alguno. Cuán importante será esta acción!!!!

Si él dio la vida por defenderla, no crees que merece un poco de tu atención. Pon atención plena y CONSCIENTE a tus pensamientos, emociones y consecuentes acciones. Atrévete a cuestionarte, a dudar de tu VERDAD. Sé humilde, sé INTELIGENTE, no tengas MIEDO de lo que puedas descubrir. Tómatelo con HUMOR. Qué sano es reírse de uno mismo, de sus errores, de sus meteduras de pata catastróficas, de sus ridículos magistrales, qué sano es! Y sobre todo, cuánto se aprende cuando nos atrevemos a mirar nuestro pasado con ese humor, con esa humildad, con ese amor y comprensión, con compasión hacia nosotros mismos y hacia los demás. Eso es CRECER.

***Hacer siempre lo mismo, esperando resultados distintos, es la definición de Locura***

Esto es una realidad. Lo decía Einstein, con lo cual, no creo que estemos en disposición de, como mínimo, no tenerlo en cuenta.

No confundamos la perseverancia y la constancia en el trabajo hacia la consecución de una menta, con el planteamiento saludable de cómo estamos realizando ese trabajo, pues los resultados que estamos obteniendo son la mejor pista para comprobar si estamos en el camino correcto o hay que corregir ese rumbo. Y repito, aquí el EGO, que es íntimo amigo de la tozudez, juega un papel muy importante. Nos tapa ojos y oídos, cierra puertas y ventanas, no permite que entre la luz, esa luz que alumbra los hechos, los resultados obtenidos, y que ilumina también el camino a seguir, el que nos lleva a dónde queremos ir en realidad.

Te animo a que abras esas puertas y ventanas, a que te despojes de esa piel vieja, ese muro que te impide dar paso a lo nuevo, a experimentar otra forma de vida, otros puntos de vista, otra forma de actuar. Te animo a que te enamores de la vida, como dice Jorge Bucay: “ponte de novio con la vida”; déjate sorprender, déjate enamorar, no dejando que pasen los días bajo un cielo siempre gris con el paraguas preparado porque sabes ya lo que te va a caer. Sal ahí fuera sin ese paraguas, deja que la lluvia te cale, deja que el sol te queme, siente que estas vivo, no te resistas. Ya has perdido mucho en estos años de RESISTENCIA, no crees?

Es posible que pienses que no te has perdido nada, que no vale la pena, que tienes bien claro cómo son las cosas ahí afuera, cómo son las personas, qué se puede esperar de ellas y qué no, y todo ese tarará tarará.....Es muy probable también, que salgas ahí fuera, y te tropieces con aquellas situaciones, aquellas personas, que te refuercen estas creencias, que hagan que te digas: "lo sabía, ves? Lo sabía, estaba en lo cierto!", pero te aseguro que esto no es más que porque sales ahí fuera con ese paraguas que te estoy pidiendo que tires. Esto te va a ocurrir porque seguirás buscando quien refuerce tus viejas convicciones y, por supuesto, lo vas a encontrar. Es el llamado efecto Pigmalión. Deséchalo cuando te ocurra, tómalo como lo que es: una prueba de tu fortaleza ante el acto de emprender una vida nueva. Mira, si la encuentras en tu entorno, de lo que te están informando es de que te has rodeado de aquellos que tienen construido el mismo muro que tú, para sentirte seguro, cómodo, controlando la situación.

Para que realmente se realice el cambio que buscas, es necesario cambiar de acera, de calles, de paisaje, de música, de cama, de zapatos: andar sin zapatos!!! Prueba a hacerlo. Nada cambiará a tu alrededor, si te mantienes encerrado en el mismo sitio, en el mismo punto, rodeado de quienes afianzan tu postura con las mismas posturas y opiniones. Ellos son los guardianes de ese muro, no te permitirán salir de ahí. Recuerda que los creaste tú también para proteger ese mundo en el que vives, gris, que no te permite ver más allá, no te deja avanzar, no te deja crecer.

Es un reto, lo sé. Quizás el más importante de tu vida, el más arriesgado, voraz, temible, amenazador de tus cimientos, de tu cesto de MANZANAS: quiere que tires esas manzanas, quiere que comas otras frutas….las hay de tan distintos colores y sabores. Ojo, también hay manzanas de distintos tamaños, colores y sabores, pero ten en cuenta que siguen siendo MANZANAS! No pierdas tu vida sin darte la oportunidad de ser tu mejor versión, no te escondas más, sabes que no te hace feliz. Sabes que en el fondo, es el MIEDO el que domina tu existencia. No se lo permitas, nada malo va  ocurrirte. Muy por el contrario, el único riesgo que corres es el de descubrir que había otra vida más allá de tu vida, sin tener que esperar a la muerte para conocerla; esa vida está aquí, en la tierra, esperándote a ti. Otros ya la están viviendo. Son todos aquellos a los que ves sonreír, felices, plenos, en calma. Esos que te hacen preguntarte si habrán conocido el secreto de la FELICIDAD. Si, son ellos, y están ahí para demostrarte que existe, que es posible, que no es inalcanzable, que no está reservada para unos pocos o para los “elegidos”. Recuerda: el Universo ama a todos sus hijos por igual, quiere lo mejor para ellos, y entre ellos estás TÚ.

## Capítulo VIII

### La Razón y el Corazón

"Cuando la Razón y el Corazón se enfrentan en una decisión, me dejo guiar por la razón, y es que si no lo hago así, me voy a equivocar…seguro. El corazón nunca aconseja bien…"

Craso error.

La Razón, siempre siempre está influenciada, nunca actúa en libertad, es un músculo entrenado, enseñado, a través de nuestras vivencias, nuestros aprendizajes, las marcas de nuestros fracasos, de errores, de daños y sobre todo, de prejuicios.

Creemos que en ella hemos ido acumulando sabiduría pero, la mayoría de las veces, lo que hemos ido acumulando es información, mera información. Y esto es así porque no hemos aprendido nada a través de lo que nos ha ido sucediendo; como mucho, hemos grabado nuestra reacción ante los hechos, que no quiere decir que sea un aprendizaje.

***La Experiencia es lo que hacemos con lo que nos va pasando en la vida. El resto solo es información.***

***A.Einstein***

Dicho esto, te invito a entrar en lo que tu llamas “razonable”.

Esta amenaza, no tiene por qué ser real. Puede ser que sea simplemente la forma en la que hemos recibido la información externa; es probable que, en esos momentos, nos sintiéramos desvalidos, vulnerables, atacados, y por esto le hemos dado esa fuerza o poder sobre nuestra integridad. Si el mismo hecho ocurre cuando nos sentimos fuertes y seguros, pasará como una mera anécdota, y en nuestra mente no quedará fijado ningún aprendizaje al respecto. Por lo tanto, la razón o “el razonamiento lógico”, es manipulable.

De ella solo sacaremos lo que ya hemos “entendido” que está bien o mal, y todo ello según las circunstancias en las que nos ocurrieron. La Programación Neurolingüística trata de forma muy profunda estas enseñanzas de nuestra mente. A través de ella, podemos llegar a entender el porqué de nuestras emociones y reacciones, de nuestros miedos y fortalezas, de nuestros juicios y prejuicios y, de ahí, pasar a entender quiénes somos.

Repito, la mente es maleable. En ella se encuentran grabados nuestros recuerdos con sus emociones añadidas. Unos recuerdos que, según nos sentíamos al vivirlos, según nuestra madurez y capacidad de acción, así nos afectaron y que, seguramente hoy, nos afectarían de otro modo, proporcionando otros recuerdos con otras sensaciones muy distintas añadidas.

Siendo así, quiero que entiendas que, lo que tu mente te dice que eres, no es lo que eres. Lo que realmente tú eres es tu esencia, y esa esencia solo se encuentra en el corazón.

Es una esencia limpia, es aquella que te proporciona la intuición, la que te avisa de que algo no funciona como debiera o como quisieras, quien te pone alerta ante un peligro. Ese nudo que se te hace y no sabes a qué se debe. Ese es tu corazón.

En tu corazón no caben enseñanzas banales. Aquellas que solo son anécdotas a lo largo de una vida, y en las que ponemos tanto drama como dramáticos elijamos ser.

En tu corazón está lo que eres y fuiste al nacer. Ese alma pura, llena de coraje y decisión, llena de ilusión por conocer, por saber, por crecer. Ese es tu corazón.

Y cuando estamos en ese punto de "es que no sé qué hacer….", "es que si por mi fuera echaría a correr ahora mismo tras de aquello o aquel, pero….debo pensar…no sé si lo debo hacer, si es el momento, si saldrá bien…..! " Cuando estamos ahí, el corazón es el que tiene la respuesta correcta. Si tratas de razonar lo que tu esencia te está pidiendo a gritos, fracasaras. Si tratas de no hacer caso a ese aviso, a ese nudo, a esa incomodidad "irrazonable" que sientes, fracasarás.

El corazón no se deja marcar.

Cuando decimos u oímos decir: tengo el corazón roto, es mentira. El corazón no se rompe, lo que se rompe por agotamiento es la razón, que ya no es capaz de saber qué está bien o qué está mal, que intenta  explicarlo todo con exactitud milimétrica, que busca justificación, juicio, verdad o mentira, por qués de cada acontecimiento, busca "Razonar la Vida". Y se rompe, claro está.

Se agota, se paraliza y te paraliza obviamente, te asusta y te bloquea.

Entonces nos decimos: antes yo era muy impulsivo, pero a base de estrellarme he aprendido a razonar antes de actuar. Otro craso error!

Le echamos la culpa al  Corazón, de nuestros impulsos. El corazón no actúa por impulsos, el corazón es sabio.

Los impulsos son REACCIONES ante una situación determinada, y las reacciones se producen desde el aprendizaje que hemos grabado en nuestra mente. Si hemos aprendido a REACCIONAR, en vez de a ACTUAR, es que nos movemos por IMPULSOS. Y estos impulsos no son más que lecciones aprendidas de comportamiento.

En las reacciones, no escuchamos al corazón nunca. Si lo hiciéramos comprenderíamos que él si nos va a frenar, nos va a aconsejar, pues él sabe quienes somos, y a donde decidimos ir y donde no queremos llegar. El corazón es la pureza de sentimientos, no conoce interés ajeno, no lo mueve la codicia, ni el prejuicio. Al corazón solo lo mueve el AMOR SUBLIME.

El corazón es quien te aconseja que perdones, que aceptes y olvides. El corazón es quien te recuerda quien eres cada vez que se te olvida, y emprendes caminos por los que no deseas transitar. Ese es el corazón, ese nudo en tu estómago, ese zapato que no te entra....Ese es tu corazón.

Es quien te pone de rodillas cuando lo tocas con tu mano, en tu pecho, y comprendes de tu error. Es quien te aconseja ser mejor a pesar de...... es quien te quiere libre para decidir, y para decidir bien, no por impulsos o por razones.Porque, qué razones puede encontrar alguien para querer dañar a otro ser? Eso el corazón no lo entiende, ese acto se ha aprendido. Nadie nace queriendo dañar.

Qué razones puedes tener para romper una vida plena, plácida, con quienes amas y te aman, sino por un pensamiento (razonamiento) externo, que te tienta a través de ilusiones que te han vendido, de vidas fáciles y autocomplacientes, atentando contra tu mejor obra? Ese no es tu corazón. Son inventos aprendidos del exterior, de una mente entrenada, enseñada de forma ególatra. Ese no es tu corazón.

Que razones puedes tener para continuar en una vida triste y descorazonadora, sino unas enseñanzas adquiridas y unas responsabilidades impuestas y autoimpuestas por tu educación, costumbres, cultura y entorno, en vez de trabajar y construir la vida que deseas, desde tu esencia, donde puedes dar amor verdadero a tu alrededor y también recibirlo? Esas razones no tienen nada que ver con tu corazón. Son engaños de tu mente a los que te has acostumbrado, y los has dado por buenos, por válidos. Pero son solo eso, engaños.

¿Cómo podemos entrenar a la razón, para que sea reflejo de nuestro corazón?

### *Viviendo en Coherencia*

La Coherencia es una de las mayores virtudes. Es la que te protege de la locura, de perder el norte. Es la que consigue que seas ejemplo, que dejes una huella real y sensata. Es la que te deja dormir en paz por las noches. La Coherencia.

Se vive en coherencia cuando uno se conoce a sí mismo, pero al YO REAL, no al aprendido, ni a la consecuencia de mis vivencias que tienen “la culpa” de todo. A ese no. El YO REAL es tu esencia, y esa esencia se deshace de todo aquello que interfiere en sus deseos reales, puros, limpios. Esos a los que llamamos SUEÑOS, y que tantas veces abandonamos, dándolos tristemente por perdidos, dejándolos a la espera para que se cumplan en otras vidas futuras. Esos sueños son nuestra esencia.

Conócete a ti mismo, y vive en coherencia con lo que eres, asumiendo la responsabilidad de lo que conlleva, que no es poco ¡ojo!

No seas lo que se espera de ti, lo que te obligan a ser, lo que te han enseñado aunque en tus adentros no te cuadre, no te lo tragas, no lo digieres, no te vale, no eres tú!

Pregúntate con valentía y coraje:

***¿Quién soy yo?, ¿Qué hago aquí?, ¿Hacia a dónde voy?***

Y anótalo, haz una lista tan larga como la sientas. Si al primer intento no te sale, sigue preguntándotelo, sigue! Lograrás confeccionarla. Y después entenderás todo lo que tienes en la mente, en tu RAZON, que no se corresponde con esa lista, que no te vale para esa lista, para ti, para tu YO, para tu razón de vivir. Esa lista la harás con el CORAZÓN, eres tú quien aparece ahí, es tu ESENCIA. Y ahí no cabe error.

De esa forma podrás ir eliminado, uno tras otro, todos los razonamientos que han marcado tu día a día, hasta llegar donde estás hoy. Podrás eliminarlos, pues esa guía es la que has de seguir, y verás que te estorban muchos "aprendizajes".

De esa forma es como se empieza a vivir en coherencia, y de esa forma es como se pone en sintonía la RAZON y el CORAZÓN. Ahí no entran más indecisiones bloqueantes y limitantes. No tienen sitio, no les has dejado sitio. No volverán.¿Te atreves?

Capítulo IX

## El Amor Real

***El Monje Thomas Merton decía: La vida espiritual consiste en amar. No se ama porque se quiere hacer el bien, o ayudar , o proteger a alguien. Si obramos de ese modo, estamos viendo al prójimo como a un simple objeto, y nos estamos viendo a nosotros como personas generosas y sabias. Esto nada tiene que ver con el amor. Amar es comulgar con el otro, es descubrir en él una chispa divina.***

Mucho se ha escrito sobre el Amor, sobre ese amor real que buscamos, que queremos, que necesitamos pero, ¿lo conocemos en realidad?

¿Qué es el Amor?

Ese gran desconocido, tan perjudicado en tantos boleros escuchados, en tantas novelas "románticas", en tantos cuentos de príncipes y princesas, en tantas películas mal llamadas "de amor".

Ese amor denostado, porque nos hace sufrir lo insufrible, vivir lo invivible, soñar con lo imposible, tener fé en lo inalcanzable....Ese es el Amor que conocemos.

Pero existe otro Amor, el Real, el de verdad. Es ese al que dejamos siempre por debajo de nuestros intereses más egocéntricos, oculto por nuestros miedos más irracionales, nuestra inseguridad, tapados por nuestros apegos y deseos de dominio y posesión.

Y es que el Amor de verdad, el único que existe, no convive con todos esos comportamientos, pensamientos y deseos tan comunes y tan dañinos.

Te propongo que te hagas una sola pregunta: ¿cómo te gustaría a ti que te amasen?

Mientras lo piensas te intentaré ayudar en esta reflexión a través de otras reflexiones. Voy a incidir en lo que NO ES AMOR, será otra cosa, pero amor no es.

No es amor lo que sentimos por alguien cuando no lo aceptamos tal cual es, creyendo que aquellas cosas que no cuadran con nuestra forma de ser, las podemos "cambiar" con el tiempo. Esto es amor con condiciones, por lo tanto no es Amor.

No es amor cuando, por miedo a perder, atamos a otra persona a nosotros, con un instinto insano de protección, que solo es intentar proteger nuestros propios intereses, y no lo dejamos que se desarrolle, crezca y vaya en pos de cumplir sus sueños y metas.

Eso es dominación, por lo tanto no es Amor.

No es amor cuando ponemos en el otro la responsabilidad de hacernos felices, acusándolo de culpable cuando no nos sentimos satisfechos con sus actos.

Eso es manipulación, por lo tanto no es Amor.

No es amor cuando esperamos que nos amen para después amar, y si no lo hacen, no amamos.

Eso es egolatría, por lo tanto no es Amor.

No es amor cuando amamos si se portan "bien" con nosotros, satisfaciendo nuestros deseos, y si no lo hacen dejamos de amar.

Eso vuelve a ser amor con condiciones, por lo tanto no es amor.

Partamos de la base que todo ser vivo se merece ser amado. Recordemos que el Universo gira en un equilibrio perfecto, y todos los seres vivos están aquí para cumplir una función. Siendo conscientes de esto, llegamos a la conclusión de que todos se merecen ser respetados por ser ellos mismos, quienes son, y para lo que están en este Todo del que formamos parte.

Cuando vemos esta realidad, cualquier daño que infrinjamos con nuestra conducta, intencionada o no, contra otro ser viviente, va en contra de este equilibrio que entre todos tenemos que cuidar. Y si se pierde este equilibrio, la consecuencia es dolor.

El Amor no duele, el amor no es dolor. Son antagónicos. Donde hay Amor no hay dolor. Habrá pena por una despedida (echar de menos), habrá frustración por no ser correspondidos como quisiéramos (por expectativas no cumplidas), pero no dolor. Repito, el Amor no duele.

**"Quien bien te quiere, te hará llorar"**

Otra frase lapidaria, en la que muchos se amparan para ejercer fuerza sobre aquellos que están a su lado, para conseguir sus propósitos, y no conocen otra manera de hacerlo que mediante una comunicación agresiva, amenazadora, impositiva, es otro gran error que muchos siguen arrastrando.

**¡¡Quien bien te quiere, te lo hará saber!!**

Me quedo con esta otra frase, y me gustaría que tú también la hicieras tuya. Esta frase mueve a la acción, a hacer llegar el amor de forma amorosa, pues no puede ser de otra manera. Invita a la comunicación real, al respeto por el otro, a la ayuda si la precisa, al cobijo necesario, a la escucha real, a la aceptación del todo lo que el otro es. Eso es Amor real.

Porque el Amor de verdad, es amar como nos tendríamos que amar a nosotros mismos: sin juicios ni prejuicios, sin culpas, sin condiciones, sin por y para qué, con nuestros errores y aciertos, respetando nuestros momentos vitales, nuestros tiempos, nuestros deseos y sueños, nuestro ser real, nuestros silencios, nuestro espacio personal, nuestros hobbies....¿Podrías completar esta lista interminable? A que a ti te gustaría que te amasen así?, la respuesta es SÍ seguro. Pero no lo hacemos.

Y no lo hacemos sencillamente porque no somos capaces de amarnos así a nosotros mismos. No hay más razones.

Volvemos arriba. Si nuestra imagen personal está condicionada por todo aquello que hemos heredado sin querer, o elegido por imitación, por dejadez, por falta de cuestionar lo que hay que cuestionar, y si no nos queremos ni aceptamos como somos, no podemos querer y aceptar a nadie como es. No hay más enigmas ni acertijos. Es así de simple.

Quien te ama, te ama porque eres tú, tal cual eres. Por el mero hecho de que existas, te ama. Da gracias porque existes, por verte crecer, desarrollarte, luchar por tus sueños, volar e incluso alejarte. Da gracias por verte ver ir y vivir tu propósito de vida. Da gracias por el tiempo compartido contigo, tal cual eres y fuiste, por lo que aprendió a tu lado, por haber podido enseñarte algo, por esas lágrimas y esas risas juntos, por los recuerdos que siempre permanecerán en vuestros corazones.

Quien te ama, no te quiere cambiar, te ayuda a crecer que no es lo mismo; a crecer a pesar de que ese crecimiento, (tal vez un día pueda ocurrir), haga que sea imposible seguir a tu lado, pues tiene su propio camino que recorrer. Quien te ama quiere verte pleno, lleno de vida, de tu vida, y se siente feliz, FELIZ, de ver que tú eres FELIZ a pesar de….

…..a pesar de no seguir juntos, a pesar de nadar en otros mares, a pesar de no cumplir con sus expectativas sino con las tuyas, a pesar de…..SIN PESAR NINGUNO.

Practiquemos el Amor Real, amémonos mucho y amémonos bien a nosotros mismos, aprendamos así, que es la única forma. El amor hacia el otro llegará por añadidura, no tengamos prisa.

Démonos el abrazo que de verdad necesitamos, abrázate ahora, fuerte, acaricia tus brazos y antebrazos, siente tus manos en tus hombros, aprieta con suavidad, masajéalos….notas cómo se eriza tu piel? Te lo está agradeciendo. Lo necesitabas, no de otra persona, lo necesitabas de ti mismo. Lo ves? Tu cuerpo te está pidiendo Amor Real, tus sentidos reaccionan a ese abrazo que sabes que sí que es real, pues nadie te conoce y te entiendo como tú mismo.

¿Qué haces para amarte realmente a ti mismo? Volvemos arriba otra vez: conócete, déjate salir de debajo de tanta capa, ponte en el lugar que mereces y te corresponde, date tu sitio, lucha por tus sueños, tus deseos, descubre cuál es tu propósito de vida y vívelo. Así es como uno se ama a sí mismo, y sólo así es como se aprende a amar a los demás, de la única forma que se ama de verdad, de manera incondicional.

¿Te suena la frase" qué mala suerte tengo en el amor, soy un imán de atraer a gente que me lastima"? , ¿Por qué crees que será?

La vida, lo aceptemos o no, es un espejo que nos muestra a cada momento lo que estamos sintiendo por nosotros mismos, nuestra manera de tratarnos, de juzgarnos, de cuidarnos. Como es así, si tú no te amas incondicionalmente, cada vez te vas a encontrar personas que te lo demuestren. Cada vez que te juzgues, serás juzgado duramente. Cada vez que no te valores, no te valorarán, cada vez que te traiciones, te traicionarán, y así siempre, una y otra vez, hasta que te des cuenta de lo que te haces, hasta que despiertes, hasta que aprendas.

Si actúas por interés con los demás, así actuarán contigo. Si mientes te mentirán. Si te insultas en tu subconsciente, si te desprecias, o si desprecias a otros por meros prejuicios, serás despreciado. Así es que estate muy atento, pues de cada persona con la que te tropiezas cada día, tienes algo que aprender.

Si sonríes te sonreirán, si te vistes de amor, te encontrarás con amor.

Aun vestidos de la mejor voluntad, a veces nos encontramos con personas muy muy alteradas. Esas que te tratan mal, te alzan la voz, hablan con brusquedad e incluso llegan al insulto.

Cuando nos tropezamos con esta persona enfadada, aun yendo yo vestido de mi mejor actitud y positividad, a veces consigue hacerme sentir realmente mal. Incluso si se lo permito, puede fastidiarme el día por completo.

Al contrario de lo mencionado anteriormente, en este caso puede que no tengan nada que enseñarte sobre ti mismo, puede que esa no sea la misión de su ataque, sino que en realidad sea una prueba para que te reafirmes en tu Yo, en tu propósito, en tu actitud.

Hay que tener en cuenta que, aunque consigan mermar por un instante nuestro amor propio o estima, estas personas en realidad no nos están haciendo nada a nosotros con su comportamiento, sino que el daño se lo hacen a sí mismos.

Vuelve a ser consciente, a ser tú. ¿Quién eres tú?, ¿Eres ese mismo que ayer esta persona trató bien? La respuesta es SI.

Entonces, sus actos tienen que ver con quien eres tú, o con el estado de esa persona? Las personas no insultan, no nos tratan mal, no nos gritan, no nos desprecian. NO. Esto es algo que tenemos que tener muy claro, y sólo lo podemos hacer desde un estado pleno consciente.

Las personas HACEN, no NOS HACEN, de acuerdo? Tenlo siempre presente. Una persona de tu entorno que te grita, insulta, agrede, está alterada, está enfadada, está frustrada. Ella, no tú. Y estando así, hay que dejarla y no hacerle caso. Sobre todo no permitir que su estado te mine, te entre, te afecte y ponga en duda tu valor. Controlemos al Ego, que nos va a decir que tú no te mereces eso, por supuesto que no lo mereces, ni tu ni nadie.

No te dejes engañar ni boicotear por él. Háblale a ese Ego, dile que lo entiendes, pero que no tiene nada que temer, que no va contigo esta situación y sonríe.

Cuando entendemos que cada uno actúa desde su estado interior, y no desde la provocación, pues cada uno somos responsables de nuestros actos, independientemente de lo que ocurra fuera, mantenemos el control sobre nuestras emociones, decidimos a qué darle importancia y a qué no, y así es como somos auténticos dueños de nuestra vida.

De lo contrario, dependemos siempre de con quién nos vayamos encontrando, somos hojas al viento, sin rumbo, vamos hacia donde sople en cada momento: ¿qué mareo, no? Esa no es forma de vivir.

Además, cuando actuamos así, dejando espacio al enfadado, dándole tiempo para que desahogue su frustración, somos generosos, le estamos amando, estamos practicando la compasión, la comprensión, y dejando que se le pase, que se recupere, que vuelva a sus cabales. Ahí es cuando nos podemos acercar a esa persona, preguntarle qué es lo que tanto lo ha alterado, por qué se ha comportado así, y si le podemos ayudar a cambiar este estado, si hay algo que podamos hacer y, si es así, instarle a decirnos lo que ocurre: le estamos mostrando respeto y reconociendo su valor.

Actuando así, mostramos nuestro carácter fuerte, respetuoso, amoroso, y nos hacemos grandes en cada ocasión. Los resultados son fabulosos. No es más que buena comunicación y siempre, siempre, hay que intentarlo, pues siempre tú merecerás ese voto de confianza, ese trato, esa comprensión, y tu prójimo igualmente, verdad?

Por otra parte, si este carácter es llevado al extremo, es decir, como forma de vida, de relacionarse, ahí cada uno está en su pleno derecho de decidir hasta cuando aguantar este trato.

No es lo mismo una discusión fuera de tono, con los estribos perdidos, que mantener una relación bajo este modo agresivo y violento de comunicación. Esto es realmente tóxico, y si bien es lo apropiado intentar hacer que la otra persona sea consciente de que así no hay modo de construir nada positivo ni beneficioso, también es lícito apartarse y alejarse para no permitir que este trato mine seriamente nuestra salud mental cuando vemos que no hay posibilidad de cambio en el otro.

**Capítulo X**

## El Egoísmo

Que no tiene nada que ver con la Egolatría.

Definición de Ególatra:

Dícese de un tipo de personalidad que se caracteriza por una constante auto admiración y veneración, en cantidades fuera de lo normal y que pueden, en algunos casos, llegar a ser patológicas.

En estos casos, el individuo olvida que, para procurarse esa veneración y auto complacencia, puede dañar a otras personas de su comunidad, sin que ello le procure ningún sentimiento de afinidad o empatía. Es el Ego y el Yo, sobre todo y todos los demás. Del griego EGO (Yo) y LATRÍA (Culto o admiración).

La palabra Egoísmo, siempre se ha confundido con Egolatría, dándole una connotación igual de negativa y perjudicial, pero es bueno que sepamos distinguir entre ambas, pues son antagónicas si observamos bien su significado.

El Egoísmo, es el respeto y cuidado de uno mismo, la preocupación por sus sentimientos, por sus deseos, por sus sueños, sus gustos, su propósito de vida, SU VIDA.

Siendo así, cuando una persona valora SU VIDA porque entiende y respeta LA VIDA, es imposible que dañe, ni que pase por encima de los demás para conseguir sus metas, siendo auto complaciente al extremo, ni creyéndose superior a los demás. Imposible.

Si yo sé lo que es quererme y respetarme y cuidarme, si yo valoro mis deseos, mis gustos, mis metas y objetivos, mi propósito de vida, en ello va implícito que doy ejemplo a los demás con mis actos, enseño a : cuidarse, respetarse, quererse, valorarse. Y al mismo tiempo, y como no podía ser de otra manera, reconozco el valor, respeto y cuidados que el otro se procura, pues los vivo y entiendo como mi/su proceso de vida.

Si por el contrario, y volviendo a la falsa Conciencia que me destruye, pongo al otro siempre por delante de mí, en mi perjuicio incluso, dándole más valor a lo suyo que a lo mío en todo cuanto acontece, creyendo que así soy buena persona, generosa, piadosa, humilde, etc….lo único que estoy creando y criando es un EGÓLATRA. Comprendes?

¿Qué beneficio obtiene el otro y el resto de la comunidad?

¿Cuál es el mensaje que estoy emitiendo?

¿Cuáles son mis enseñanzas?

Si el Ego es Yo, con un ismo al final, nos da un YOISMO, que nos lleva a mirarnos a nosotros mismos, a conocernos, a querernos y valorarnos, a cuidarnos, lo que nos lleva a mejorar como seres humanos, como personas, ya que nuestro Yo interno es puro, es sabio, es limpio, y vuelve a salir con sabiduría y la bondad que ella trae siempre consigo.

Donde está aquí la connotación negativa? No la tiene, no se la busques, por mucho que lo hayas oído, que te lo hayan dicho, no la tiene.

Uno enseña haciendo, no diciendo. Todos somos ejemplos vivos, ejemplos andantes.

Si una madre, es abnegada con sus hijos y marido, si los pone a ellos en primer lugar sin darse ella nunca su lugar, ¿qué les está enseñando?

Las hijas aprenderán que como madres, así es como habrán de ser y comportarse, y cuando no lo hagan se sentirán mal ("¿egoístas?), y los varones aprenderán que su futura mujer deberá ser así o no será una buena mujer. La intentará encasillar en este papel "generoso", y si no lo consiguen serán infelices, las harán infelices cubriéndolas de reproches, al mismo tiempo que se quejarán de su mala suerte al elegir a esa persona como compañera y madre de sus hijos....un desastre total! Sin olvidar que por otro lado, la reacción a este aprendizaje puede ser el comportamiento Ególatra, ya que han crecido en ese prisma de superioridad sobre las figuras mas importantes que tenemos que son nuestros padres.

El Egoísmo es cuestión de educación y ejemplo, llevado falsamente al lado oscuro o peyorativo de su significado, una traducción que es una de esas VERDADES que tenemos también que desenmascarar y rechazar. Una de las Pieles Muertas más tóxicas y contraproducentes que hay.

Hay tantos ejemplos posibles para desenmascararlo como vivencias en la historia; no cabrían páginas aquí, por eso vamos a resumir.

El felpudo que tienes en la puerta de tu casa, ¿ para qué lo has puesto ahí? ¿Qué función tiene?

Me dirás: - para que se limpien los zapatos… ¿verdad?

Y ahora te pregunto nuevamente:

¿Tu felpudo es bueno?

¿Es generoso con su actitud siempre en el suelo, a disposición de los que se limpian en él su suciedad?

¿Qué ejemplo da?

Dirás:- Es un felpudo! Qué otra cosa debería hacer ¿…?

Ahí lo tienes.

¿Y tú? ¿Eres tú un felpudo? ¿Lo es tu madre? ¿Tu padre? ¿Quieres que lo sean tus hijos?

¿O acaso te han metido a fuego que eso es "humildad" o "generosidad"? ¿No será que te han engañado pero bien?

¿Qué es la humildad? Vamos a definirla juntos. La humildad es Amor. ¿Recuerdas lo que hemos hablado del Amor? Pues eso es la Humildad. Amor, comprensión y compasión por ti y por el prójimo. Eso es la humildad.

Ser capaz de ver los actos de los demás no desde un lado emocional personal, no pensando que nos hacen a nosotros, sino que hacen desde las emociones que están sintiendo y ser capaces de brindarles compresión y compasión, y también ayuda para salir de ese estado, si es posible.

La Humildad, ese valioso don y virtud, es propio de aquellos que tienen un carácter fuerte y que ponen en práctica su inteligencia bien entrenada. Dime, ¿dónde está la inteligencia en un felpudo?

El inteligente sabe que todo ser humano es igual, independientemente de su cuenta bancaria o título nobiliario: como ser humano tiene las mismas necesidades y debilidades que cualquier otro. Pasa por la vida con retos, con fracasos y frustraciones, con dolor y lágrimas,  con alegrías y éxitos también. Las circunstancias donde y cuando hayan nacido marcaran la diferencia, pero te aseguro que si no tiene inteligencia, de nada le valdrán los tesoros heredados, pues los perderá.

Igualmente que aquel que nació desprovisto de todo bien material, si es inteligente, humilde, es probable que sea la persona más feliz sobre la Tierra, ya que valorará su vida, sus dones, e irá en pos de conseguir sus objetivos y metas, y las conseguirá,  ofreciendo el mismo respeto por la vida de su prójimo.

¿Y Generosidad? ¿Qué es ser generoso? ¿El felpudo es generoso con su postura, toda la vida a los pies de los demás?

¿Cómo puedes enseñar generosidad si de lo que das ejemplo es de servilismo?

El servilismo lo dejaremos para la época Colonial, donde los señoritos tenían sirvientes que decían a todo que sí con una reverencia…..

La generosidad no se enseña siendo servil, sino siendo generoso, y si lo que estás poniendo en práctica, si de lo que estás dando ejemplo es de ser un “felpudo servil”, dime tú qué esperas conseguir.

Ser generoso, léelo bien, léelo otra vez: Ser Generoso es enseñar a:

Quererse.

Cuidarse.

Valorarse.

A ser Humilde (léase inteligente, sabio, fuerte ante el devenir de la vida, uno con el todo).

A luchar por tu propósito de vida.

A amar.

A comprender.

A ser compasivo.

Y esto, repito, esto solo se puede enseñar con el ejemplo vivo. Si no lo eres, si no lo haces, no intentes que quienes dependen de ti lo aprendan.

Si no lo eres, no esperes que los demás dejen de verte como un felpudo. Tu mismo lo has dicho: Es un felpudo! ¿Qué otra cosa podría hacer?

Tú no eres un felpudo.

¿Cuándo aprendiste que si eras bueno, sumiso, obediente, hacías lo que esperaban de ti, ayudabas mucho, hacías muchas tareas……, te querrían más?

Y, ¿cuándo aprendiste también, que poniéndote el último serías el primero, creyendo que eso era Humildad?. Y no apuesto aquí por ponerse uno por encima de los demás, no. Hablo de que tus actos no muestren que todos merecen estar delante y tu al final, que no es lo mismo.

Y, ¿cuándo aprendiste que ser generoso era darlo todo, compartir todas tus chuches, tus más queridos juguetes (incluso con aquel maleducado que no paraba de chincharte), y que eso era de ser "bueno", y que así debías comportarte para que " te quisieran mas, te aceptaran, tener más amiguitos? Después vendría el premio de mamá, papá, la abuela o la profesora estirada y remilgada, ¿verdad?

¿Sigues viviendo allí, en aquella mentira?

***Dice el Señor: hay que ser justos para ser generosos.***

Déjame que te lleve al principio de este libro, a ser Consciente, consciente de ti.

Todos tenemos alguna persona que nos sirve de ejemplo y motivación cuando nos arrancamos a conseguir algo, a mejorar, a crecer y a alcanzar nuestros deseos. Nos acordamos de aquel personaje de película o literatura que era nuestro héroe, ¿verdad?

Ese héroe está en ti, tú lo eres también; puede ser que para otros, o habrás de serlo en tu propia vida, para ti mismo. Créeme cuando te digo que no te perdonarás no haberlo sido, y eso si que es difícil de cambiar, de olvidar. Es una piel muerta que llevarás siempre contigo.

Sé lo que esperas que el mundo viva en ti; vive lo que quieres vivir en el mundo.

Solo tú eres el creador de tu propia historia, tú decides si estás orgulloso de lo que haces, de lo que muestras con tu comportamiento principalmente hacia a ti, si eres ejemplo vivo de buenas enseñanzas y virtudes, o te sigues dejando atrapar en el buenísmo heredado, grabado a fuego en tu esencia, y destructivo.

Te aconsejo, con tu permiso, que te vistas hoy de Prima Donna, de protagonista, que te sientas orgulloso de todo lo bueno que tienes, y lo muestres al mundo con el mismo orgullo que te mereces.

Que estés orgulloso de tus méritos, de tus logros, de tus éxitos, de lo que sabes y puedes enseñar. De ser tú.

Esa enseñanza tiene seguidores, créeme.

Todos buscamos a alguien que muestre esa seguridad y confianza, esa fortaleza repleta de humildad y sabiduría, sin complejos de fracasos que nos enseñaron cómo triunfar en el siguiente envite: ¡¡¡¡muéstralo!!!!

Enseña el camino de cómo llegar hasta aquí.

## Capítulo XI

### La Aprobación

Como parte final de este escrito, apelo a que te apruebes.

Tras el capítulo anterior, reafirmaré en ti esta postura.

Apruébate tú, no busques la aprobación de los demás.

Verás, tú sabes y yo sé la importancia que siempre le damos al qué dirán, aunque vivamos negándolo con orgullo, y afirmando que no nos importa lo que opinen los demás, sabes que no es cierto del todo.

Nos han educado bajo un foco en el que, por regla general, se nos corregía cada vez que hacíamos algo incorrecto socialmente hablando. Siendo así, las pautas de nuestro comportamiento, debían ser acordes a las corrientes culturales de ese momento, ciudad y país en el que nacimos y crecimos. En cambio, sabemos que lo que es válido y aprobado en un punto del planeta, es totalmente cuestionable e incluso sancionable en el otro punto cardinal....

Estarás conmigo en que no es lo mismo eructar tras una comida en un restaurante en Burgos, que si lo haces en Marruecos en la casa de tu anfitrión, ¿verdad? Pues este ejemplo tan sencillo vale para todo lo demás.

No quiero decir con esto que vayamos por ahí comportándonos sin respeto y civismo por nuestros semejantes, haciendo literalmente lo que nos dé la real gana en cada momento, sin medida ni control, según nos apetezca: nada de eso. A lo que me refiero es a que, independientemente de cumplir educadamente con los usos y costumbres de allí donde vivimos, seamos capaces de poner en valor si actuamos, pensamos y sentimos según lo que para nosotros es válido, según nuestra escala de valores y principios, o según lo que se espera de nosotros también, por esos mismos usos y costumbres sociales y/o culturales.

Con este planteamiento, resumo el texto completo de este libro. La aprobación externa es parte fundamental de toda la Piel Muerta que tenemos adherida, es más, diría que es la base para que esa piel se sujete bien y haga por no desprenderse.

En primer lugar, y para dejar de valorar más lo que se espera de nosotros que lo que nosotros mismos esperamos y deseamos, es necesario quitarse esta losa, cuya única función es confundirnos y llevarnos al lado cómodo, a ese en el que se nos apoya y no se nos cuestiona, al rutinario, al "lo que siempre se ha hecho", al "lo que hay que hacer".

Hay que verlo como una limitación impuesta o admitida sin cuestionamientos, y que nos impide ser y vivir según nuestro propósito de vida.

Cuando dejas de poner tu valor, tus deseos, tus sueños y metas, en manos de los demás, de lo que se espera de ti, de "lo correcto", o lo que te han inculcado que es lo correcto, es cuando comienzas a tomar Consciencia de ti mismo/a y, sólo así, es cómo puedes empezar a quitarte todas esas capas de piel que te estorban para tu crecimiento y desarrollo saludable.

Comienza por prestar atención a lo que sientes cuando haces algo que te nutre directamente a ti, sin que haya intervenido lo que hay en tu Conciencia (lo grabado, heredado, prejuicios, etc). Fíjate bien en cómo se ensanchan tus pulmones, como palpita tu corazón, en esa gran satisfacción que te llena de alegría, que hace que te suba la adrenalina, que acaba provocando una amplia sonrisa en tu boca y una exhalación inmensa…..Wow!!! Ese eres tú, libre de aprobaciones.

La cuestión aquí es que lo vayas aplicando a todo en ti, en tu vida, en tus actos. No te digo que lo impongas, acuérdate del respeto hacia los demás, del amor, la comprensión y la compasión.

Lo que si te digo y te pido es que con ese mismo amor, comprensión y compasión por ti mismo, vayas observando si el camino por donde vas te lleva a donde tu quieres estar, o a donde el resto social te ha llevado en todos los ámbitos de tu vida, y que actúes allí donde estás por otros y no por ti.

Todo se puede revertir, nada es imposible de rectificar mientras estamos vivos. Aun estamos a tiempo de todo lo que queramos hacer, excepto a ser jugadores de primera división si ya hemos cumplido cierta edad….jajaja(permíteme la broma), pero no es imposible jugar al futbol tengas la edad que tengas, ni al tenis, ni aprender a tocar el piano, o a escalar una montaña. Nada, nada es imposible de rectificar, cambiar y mejorar. Solo hace falta que te conozcas, te aceptes y trabajes en ti.

Deseo que seas una persona Esclarecida, aquella que sabe quién es, hacia dónde va, cuál es su propósito de Vida, y que lo hagas realidad, que lo vivas.

***Te dejo una pista para hallar tu propósito de vida:**

***Es aquello que te gustaría hacer siempre aún sin cobrar por ello***

**Merche C. Servellera**